陈炯　张倚萌　著

艺术振兴乡村

中国纺织出版社有限公司

图书在版编目（CIP）数据

艺术振兴乡村 / 陈炯，张倚萌著. -- 北京：中国
纺织出版社有限公司，2021.3（2025.1重印）
ISBN 978-7-5180-8267-4

Ⅰ.①艺… Ⅱ.①陈… ②张… Ⅲ.①艺术—影响—
乡村建设—研究—中国 Ⅳ.①F320.3

中国版本图书馆CIP数据核字（2020）第244299号

责任编辑：余莉花　　责任校对：王蕙莹
版式设计：张倚萌　　责任印刷：王艳丽

中国纺织出版社有限公司出版发行
地址：北京市朝阳区百子湾东里A407号楼　　邮编：100124
销售电话：010-67004422　　传真：010-87155801
http://www.c-textilep.com
中国纺织出版社天猫旗舰店
官方微博http://weibo.com/2119887771
北京虎彩文化传播有限公司印刷　　各地新华书店经销
2021年3月第1版　　2025年1月第2次印刷
开本：889×1194 1/16　　印张：9.75
字数：200千字　　定价：88.00元

凡购本书，如有缺页、倒页、脱页，由本社图书营销中心调换

前　言

中华文化源远流长，是中华民族宝贵的精神财富，是中国特色社会主义植根的文化沃土，是实现中华民族伟大复兴的中国梦的文化优势，对中国未来发展意义重大。回顾历史，中国共产党自始至终都是中华优秀传统文化的忠实继承者、弘扬者和建设者。习近平总书记在国内外演讲与谈话中多次谈及中华传统文化，传达他的文化理念，尽显大国文化自信与文化底蕴。如今，在以习近平主席为核心的党中央领导下，党和政府重视中华文脉，深入挖掘新时代中华传统文化内涵，全国人民密切关注，保护传承中华优秀传统文化，从而使其重新焕发生机与活力，丰富中国特色社会主义文化。

2017 年 1 月 25 日，中共中央办公厅、国务院办公厅印发了《关于实施中华优秀传统文化传承发展工程的意见》（以下简称《意见》），将传承中华优秀传统文化落实到方针政策，指导各级政府工作。《意见》指出：要牢牢把握社会主义先进文化前进方向；坚持以人民为中心的工作导向；坚持创造性转化和创新性发展；坚持交流互鉴、开放包容；坚持统筹协调、形成合力。并提出：到 2025 年，中华优秀传统文化传承发展体系基本形成，研究阐发、教育普及、保护传承、创新发展、传播交流等方面协同推进并取得重要成果，具有中国特色、中国风格、中国气派的文化产品更加丰富，文化自觉和文化自信显著增强，国家文化软实力的根基更为坚实，中华文化的国际影响力明显提升的总体目标。

作为传承千年的古国，我国农耕文明历史悠久。中华优秀传统文化的思想观念、人文精神和道德规范，植根于乡土社会，源于乡土文化。乡村是中华传统文化生长的沃土与基石。乡土文化是中华优秀传统文化的根柢，是社会主义先进文化和革命文化的母版，是坚定中国特色社会主义文化自信的根本依托。中华文化本质上是乡土文化。《意见》中着重强调做好地方史志编纂工作，巩固中华文明探源成果，正确反映中华民族文明史；加强历史文化名城名镇名村、历史文化街区、名人故居保护和城市特色风貌管理，实施中国传统村落保护工程，做好传统民居、历史建筑、革命文化纪念地、农业遗产、工业遗产保护工作；加强"美丽乡村"文化建设，发掘和保护一批处处有历史、步步有文化的小镇和村庄。

2017 年 10 月 18 日在党的十九大报告中，习近平总书记提出，农业农村农民问题是关系国计民生的根本性问题，必须始终把解决好"三农"问题作为全党工作的重中之重，实施乡村振兴战略。如今，乡村已经不仅仅是以农业为基本经济活动的空间聚落，更被赋予了政治、经济、文化、生态等多方面的内涵。乡村振兴战略也对应多方面全方位的从产业振兴、人才振兴、文化振兴、生态振兴、组织振兴等方面解决"三农"问题，促进乡村发展。自 1840 年，中华民族被列强轰开国门，乡村文化也如同中华民族的坎坷历史一般迅速衰落。虽然后来随着中华人民共和国的建立有所发展，但由于早期以城市为中心的发展策略，中国的城乡差距仍旧客观存在。目前，我国人民日益增长的美好生活需要和不平衡不充分的发展之间的矛盾仍旧在乡村最为突出，我国仍处于并将长期处于社会主义初级阶段的特征很大程度上表现在乡村。乡村兴衰与中华民族的兴衰息息相关。

乡村振兴，是一项重要的战略，甚至是一项伟大的国策，是传承中华传统文化、乡村文化的有效途径，是解决新时代我国社会主要矛盾、实现中华民族伟大复兴中国梦的必然要求，具有重大现实意义和深远历史意义。新时代，研究乡村振兴不仅仅止于乡村建设，还能实现用乡村振兴的理念治理大城市病，进而重塑城乡关系，走城乡融合发展的中国特色社会主义发展道路。因此，乡村振兴的实施将持续影响我们国家现在乃至以后几十年的经济社会发展，并产生深远的影响。如今，各行各业都积极投身乡村，扎根乡村，为乡村振兴贡献自己的力量。艺术在乡村振兴中起到了什么作用？要回答这个问题就不能够单维度从艺术到艺术、从设计到设计来看其价值和意义。

2020 年 11 月于中国人民大学

目　录

第一章　理论研究

一、艺术设计的动机与价值

乡村振兴提出了五大任务，即产业兴旺、生态宜居、乡风文明、治理有效、生活富裕。无论用什么手段、什么策略，乡村振兴的五大要求是目标，是导向。现在全国各地都在践行乡村振兴这项战略，其中不少地方是以产业兴旺为主导践行乡村振兴建设。但是实际上，"产业兴旺"是基础，而"乡风文明"是灵魂。乡风文明突出了乡村中的一个核心任务，因为，乡风文明建设包括了信仰的修复、文化的修复。自从鸦片战争以来，坚船利炮打破了政治自上而下、经济自下而上的小农经济，此后多次的文化动荡和冲击对于传统文化传承和社会结构都有不同程度的破坏。了解了这些基本动机之后，探讨乡风文明就有了深层次的话语范畴。

艺术设计的目的是解决问题乃至于解决社会问题。如何通过艺术设计，既能够服务于当下的乡村建设，又能够弥补文化的裂痕？艺术与设计在乡村振兴中的社会担当和责任，不能够单维度从艺术到艺术、从设计到设计来看其价值和意义。

用艺术手段进行乡风文明建设大概分五个步骤：首先是文化基因的梳理；其次是区域数据调研；然后是问题诊断；再次是定位与策划；最后是方案。其中，第二部分和第三部分中的数据调研和问题诊断，需要多个专业进场进行数据的判断调研，要明确调研什么内容，并从数据中能够分析、诊断出所存在的问题，以及以后可能的解决方案的探讨。第五部分方案包括了规划，比如产业规划和物理空间规划、建筑设计、景观设计、文创产品设计和公共艺术的创作。在乡风文明工作中，艺术设计的评判体系中"好坏"并不重要，也就是说，好看与否甚至不是最重要的，设计的目的是解决问题，甚至是解决社会问题。

（一）艺术振兴乡村的设计手段

习近平总书记在 2013 年中央农村工作会议上强调："中国要强，农业必须强；中国要美，农村必须美；中国要富，农民必须富。农业基础稳固，农村和谐稳定，农民安居乐业，整个大局就有保障，各项工作都会比较主动。"在中国共产党第十九次全国代表大会上，习近平总书记提出的乡村振兴战略就是"三农"重要思想的核心内容，是新时代做好"三农"工作的总抓手。虽然党中央高度重视"三农"发展，从乡村产业振兴、人才振兴、文化振兴、生态振兴、组织振兴等方面积极推进乡村振兴。但是实际上，乡村尤其是传统村落如今仍旧面对着一系列发展问题。一些地方，传统的、充满人文关怀和民族智慧的手工艺、非物质文化遗产，要么故步自封，要么被过度商业化，传统文化没有形成健康的发展模式。与"过度商业化"形成鲜明对比的是许多农村正在经历"空心化"，许多村民外出打工，村庄无人居住，许多传统村落原有的特质文化已经消失。农村一方面要发展，另一方面也要保护。越是到了脱贫攻坚阶段，越是不能急功近利。在发展时，不能忽略对无形的乡村文化遗产的保护；而只有保护好这些文化遗产、特色风土，农村的发展才能更具有内生动力，才能更健康、可持续。我们通过艺术的手段，可做到适度开发传统文化，良性循环、因地制宜地发展特色产业，让村民安居乐业，延续生命力。

可以说，艺术振兴乡村的首要目标是运用艺术设计有效地解决保护与发展的辩证矛盾，助力精准扶贫，努力消除绝对贫困。即利用农村当地传统特色文化、非遗和传统手工业，结合新的艺术元素和创意，打造具有当地元素和时代特色的创新产品，助力"乡村振兴"，帮扶当地百姓。

美国著名城市规划师简·雅各布斯认为，地区以及其尽可能多的内部区域的主要功能必须要多于一个，最好是多于两个。这样可以保证在不同的时间吸引不同的人，以确保街区的活力，他主张在街区中增加一些临海的博物馆，同时强调老建筑的必要性。这种引入艺术来再次焕发街区活力的做法，对于我国现如今传统村落衰败，失去生命力的情况来说，固然不能全盘接受，却具有一定的借鉴意义。随着城市化进程的推进，大量的城市、环境问题相继出现，艺术的关注点也逐渐从都市转向乡村，发达国家已然经历过城市的衰败与复兴，也探讨了混合功用的必要性，在艺术介入乡村的过程中，产生了大量具有参考价值的实际案例。根据艺术激活乡村的方式的不同，可分为四种类型。

1.增强乡村的开放性，加大信息交流

面对人口流失等窘况，通过广泛的构思征集，村民最终决定邀请艺术家通过不同于传统艺术的表现形式，介入乡村的公共艺术与乡土空间环境之间形成互动，形成更具张力的艺术表现形式。这样的公共艺术具有更强的传播性，将进一步强化村落与外界环境之间在信息、文化等方面的交流，引发社会对该地区的关注，增强对该地区的资金注入和信息的流通，进而提升一定地区发展的潜力。以巴西贫民窟的壁画艺术改造为例，艺术家 Jeroen Koolhaas 和 Dre Urhahn 通过绘制贫民窟内儿童活动嬉戏的场景，得到了大量年轻人的支

持，此后相继绘制了贫民窟内一系列的壁画作品，吸引了社会名流的目光，现已成为巴西著名的旅游景点。通过艺术家在当地的艺术活动，该地区获得了巴西以及国际媒体的广泛关注，提高了该地区的发展潜力。

2.打破乡村的均衡、匀质状态

当前，由于经济的发展、传统文化的缺失以及外来文化的入侵，一定地域范围内，乡村发展的同质化倾向严重，农村社会的文化特征越来越不明显。具有创新意识的公共艺术介入，将打破乡村发展的均质化倾向，使村庄获得特色发展的空间。当代公共空间艺术的介入有助于村庄创造出新的文化特质，增加地区文化发展的新空间"基点"。如意大利的瓦洛里亚小镇在 20 世纪 90 年代也面临着经济衰退，但其以老房子的入户大门为画板，并于 1994 年 7 月，第一次开展"画门活动"。此后，有大量艺术家被该创意吸引，使瓦洛里亚获得了独特的发展资源，成为旅游观光目的地，经济复苏，人口回流，恢复了生气。

3.增加地方认同感，村民行使自主权

农村土地制度的变革、市场经济的发展、生产技术的改变、传统婚姻家庭的解体、快速的城市化进程、现代信息技术的发展、国家基层治理的转型等原因造成了当代农村乡土意识的淡薄，传统社区意识消解等现象。传统乡村自建所依托的血缘、地缘关系也悄然发生着变化。在艺术介入乡村的过程中，也需要促使村民参与，充分行使自主权。以日本新潟县南部的越后妻有乡为例。越后妻有乡是公共艺术激活乡村的优秀典型代表，在得到国家政策支持的基础上，完善了农村环境保护和生态建设的公共基础设施，为营造宜人的环境提供了保障。同时，村民还能充分行使自主权，避免了大拆大建的模式，有助于增强乡村的地方认同感与社区凝聚力。最后，日本社会在基础物质得到满足的状态下促进了人们对文化艺术的追求，而文化景观在现实中的运用又对日本稍落后的农村地区人们的物质问题起到了软化作用，避免了社会矛盾的激化。对于具有同样问题的中国而言，这些都成为农村公共艺术激活乡村环境的重要启示。

4.艺术与乡村人居环境发展

公共艺术介入当代乡村建设，既改善了乡村的公共环境，同时打破了乡村发展的匀质状态，增强了当地村民的社区意识、乡土观念；除此之外，公共艺术介入乡村环境，还将增强乡村的开放性，改变乡村既有的平衡状态，使乡村与周边环境的关系发生改变，促使乡村人居环境向新的状态演化；再者，公共艺术的实施，需要大量村民的参与，涉及新的劳动技能培训，促使农户非农产业的收入提高。公共艺术作为一种外部干扰因素，将直接影响村落的公共环境，同时间接地作用于农户住宅自建房的建设，并进而对整个乡村的人居环境演化产生影响。

对于我国乡村振兴的研究上，我国的城镇化尚处于高速发展的阶段，还未能进入最后的攻坚，但也可以清晰地认识到农村问题已经重新得到关注，从政府到民间掀起了乡村重建的热潮，这固然是一件好事，然而盲目的重建无疑是对乡村的再次打击，在过度商业化

的挤压下，一些原有的特质文化已经在走向消亡。但仍然有一些艺术介入传统村落的案例可以供给参考在自发性艺术激活乡村的实践活动上。

在艺术家主动介入传统村落的实践上，如由设计师欧宁和左靖发起的"碧山计划"就是用艺术手段来激活乡村生命力的一次大胆尝试，"碧山计划并不只是一个艺术计划，它的出发点是对中国过度城市化导致农业破产、农村凋敝、农民失权、城乡关系失衡等现实的忧虑"。还有艺术家渠岩倡导的"许村实践"，是用艺术推动村落复兴来建设一个新农村的实践，旨在乡村中创造出一种与时代同步的、全新的生活方式与文明习惯，切实可行地找出一种既能提高农民生活水平和改善农民居住环境，又能保护传统村落民居及召回久已失去的民族精神的最佳途径。

（二）艺术助力乡村振兴的方法论

事实上，虽然目前已经有许多艺术助力乡村振兴的案例，但我们必须认识到现有的理论体系尚不足以对传统村落做出完全成熟的提案，仍需要大量的探索与研究。那么，如何以艺术与设计的手段介入乡村、激活乡村？首先应确立目标与动机、规划模式与策略，然后是工作的方式方法与确定哪些资源进场。

文化基因的挖掘与地方IP的打造以艺术的手段呈现，助力于乡村振兴五大要求的实现。新城镇文化重构非立竿见影、朝发夕达的一日之功，乡风文明的建设也非简单的数据量化。艺术振兴乡村不仅仅是规划图画得漂亮，或者做一个网红建筑，或者做一款好看的LOGO与包装，也不是到处可见的村口马头墙村标构筑物。乡村振兴需做好中国方案、讲好中国故事，这是文化自信的体现。以乡村需求为导向、以解决乡村问题为动机，聚焦在地文化的挖掘与研究，才能有效精准设计。简单地说，要切实发挥艺术与设计"润物细无声、化春风于无影"的故事力。

乡村振兴中的艺术与普通意义上的艺术截然不同，前者是"为他"的属性，后者是"为我"的属性。这个"他"一是指向"当地"：当地的人、当地的文化、当地的禀赋、当地的基础、当地的生活、当地的生产等；二是指向"明天"：基于过去、现在去构建一种"明天"的幸福。外部艺术力量的介入如何将乡村勤劳的人民、朴实的民风、厚重的历史、悠久的文化、特色的产业、优质的农业、精致的手作，转化为可持续的、内生发展的动力，应是摆在首位的问题。艺术必须突破艺术，发挥其培育和联动人、服务、经济、文化、生活、生产、生态的天然价值优势，构建一种合理的社会创新体系。

艺术激活乡村的创新设计包括三个阶段：以文创促"非遗"走向市场；以文创促原生态、传统手工业形成良性发展；农村建设村庄规划先行，通过合理的村庄设计规划保证前两项目标的实现，并健康循环。农村建设是乡村产业发展的载体，承载着农民的生产生活，村庄规划设计的合理与否影响着农村生态的发展。因此，这三者是一个有机整体，形成了一个完整的链条，是艺术助力精准扶贫的方法论。

艺术和设计的本质不是艺术家自己搞创作，它的目的是为了解决问题，甚至解决社会问题，而不是做装修、做吊顶、做立面设计、栽花种草。国内很多设计师喜欢如此作为，但几年后，农民还是农民，村庄的内生动力及自我造血能力和艺术家的作品没有任何关系。在规划上，艺术家们喜欢裁弯取直，房子一排接一排。事实上，这种规划建设很可怕，重资本介入且是不可逆的。乡村最初的 "规划" 是自然生长出来的，依山傍水，高低错落。

（三）多学科为艺术振兴乡村提供方法论支撑

艺术振兴乡村关系到全面实施乡村振兴战略中的文化振兴，还有部分人才振兴和产业振兴功能，是利用艺术学相关学科推动实施乡村振兴战略的具体做法（注：产业兴旺、生态宜居、乡风文明、治理有效、生活富裕是乡村振兴的总要求，产业、人才、文化、生态和组织振兴是乡村振兴的具体做法）。艺术助力乡村振兴需多种知识背景进场、系统组织及中远期规划的合力推进。因此，在农村发展和建设上更需要多学科的专家进行专业的指导，在政策制订、产业发展、生产生活上需要专业的帮扶帮助。

本书以多年来对 "美丽乡村"战略、艺术设计、精准扶贫的研究和多个相关项目实践的激发，达成对当前中国"美丽乡村"战略、传统村落保护、工匠精神与工匠文化传承、精准扶贫四个社会热点之间共通性的思考与对急需设计人才供给的践行，兼顾传统村落保护与发展，以区域资源禀赋为根基，跨界融合艺术学、设计学、文化学、区域经济、人口与产业、农村发展等学科与专业，构建以真实项目实践、经验与技能传授、策略与方法创新为特色的艺术振兴乡村架构。

二、生态场域与乡村振兴

随着城市化进程的不断推进，乡村的衰败与褪色日益加深，如何解决乡村问题，找寻到一条乡村振兴的可行道路，是当前亟需探讨的问题。依托中国的独特国情，我们必须认识到，传承千年的"乡村""乡土"更需要从社会学的角度进行重新解读。生态场域理论作为社会学中场域理论的延伸，被引入乡村振兴中，从其秩序、本位、互动与超越等内涵出发，与实际情况相结合，力求为艺术振兴乡村的思考与观察提供一种新的角度。

（一）场域理论与乡村秩序的建立

实现乡村有效治理是乡村振兴的重要内容。2019 年，中共中央办公厅、国务院办公厅印发《关于加强和改进乡村治理的指导意见》（简称《意见》），设立了乡村治理的总体目标。"到2020 年，现代乡村治理的制度框架和政策体系基本形成。" "到 2035 年，乡村公共服务、公共管理、公共安全保障水平显著提高，党组织领导的自治、法治、德治相结合的乡村治理体系更加完善，乡村社会治理有效、充满活力、和谐有序，乡村治理体系和治理能力基本实现现代化。"《意见》还明确，2020 年，农村基层党组织更好发挥战斗堡垒作用，以党组织为领导的农村基层组织建设明显加强，村民自治实践进一步深化，村级议事协商制度进一步健全，乡村治理体系进一步完善。

在我国乡村，村民自治具备自己的体系。20世纪40年代后期，费孝通在《乡土中国》中提出，乡土社会治理方式是 "人治" 而不是"法治"。"所谓人治和法治之别，不在于人和法这两个字上，而是在维持秩序时所用的力量和所根据的规范的性质。"

在乡土社会中，人们对社会关系的调节不是靠法律，而是靠"礼"这种社会规范。维持"礼" 这种规范的是传统，它正是与乡土社会的"差序格局"相互配合适应的，通过不断重叠、蛛网式的社会关系网络影响到其他人，进而在整个社会营造一种合适的统治秩序。"差序格局"是费孝通提出的一个极其重要的社会学和人类学观点，指的是由亲属关系和地缘关系所决定的有差等的次序关系。费孝通提出的"人治"是乡村治理中的自治与德治的总和，因此乡村治理有一定特殊性，其更依赖乡村中的传统文化以及软性的规则。

目前，普遍认可的乡村治理有三个途径：一是基于村规民约、民族习俗、共同记忆和行为规范基础上的价值共识，是乡村保持良好秩序的内生变量；二是基于血缘、地域或文化共同体基础上，并经自然选择和村民信任所形成的自然权威，是现实中乡村维护秩序的重要力量；三是权力让渡并创设环境、提供保障，是当前乡村形成自发秩序的关键因素。

不难看出，我国乡村治理主要的内涵是乡村秩序的构建，因"这是一个熟悉的社会，没有陌生人的社会"，所以这种秩序的建立更依赖人，依赖人与人之间、人与环境的关系。所以，乡村治理中应该注意或是最为突出的特性则是费孝通所说的"乡土性"。

而"乡土性"从单维度来看，可以尝试用场域理论去解读。乡村就是一个生态场域，"乡土性"是这个场域里的要素之一，因此，乡村治理问题可以用场域理论来协调和解决。

场域理论是社会学的主要理论之一，是关于人类行为的一种概念模式，它起源于19世纪中叶的物理学概念，提出者是库尔特·考夫卡等。何谓"场域"？从分析的角度来看，一个场域可以被定义为在各种位置之间存在的客观关系的一个网络，或一个构型。进一步说，场域是一种具有相对独立性的社会空间，相对独立性既是不同场域相互区别的标志，也是不同场域得以存在的依据。总体而言，人的每一个行动均被行动所发生的场域所影响，而场域并非单指物理环境，也包括他人的行为以及与此相连的许多因素。

此后，法国学者布迪厄发展了场域理念，他将其引入到社会学中，用以探究社会学问题。布迪厄的场域概念不能理解为被一定边界物包围的领地，也不等同于一般的领域，而是在其中有内含力量的、有生气的、有潜力的存在。随着环境问题的出现和社会矛盾的深化，场域理论逐渐扩展延伸，出现了"生态场域"这一概念。"生态场域"实则是一个特定的关系网络集合，它的集成要素为特定的时间与空间，相互融合，从而形成。

秩序是生态场域理论中极为重要的内涵。在复杂交叠的关系网络中，所有的参与者以遵循秩序为基础，恪守本位，良性互动，从而达成他们对特定资本的挖掘、抽象与建设，实现对自身价值与社会价值的重新塑造。生态场域理论蕴含着秩序、本位、内涵，具有对等、融入、良性、多元的四个特征。秩序也是一种规律，社会生活为什么会如此具有规律性？如此具有可预见性？如果说外在结构并不机械地约束着行动，那么又是什么赋予了行动以行动的模式呢？惯习这一概念给出了部分答案。惯习是一种结构型塑机制（structuring mechanism），其运作来自行动者自身内部，尽管惯习不完全是个人性的，其本身也不是行为的全部决定因素。

根据生态场域的理论，理想状态的乡村应该是：作为乡村主体的村民以遵循秩序为基础，恪守本位，良性互动，从而在农村进行生活、建设，实现对自身价值与社会价值的重新塑造。对等、融入、良性、多元是生态场域理论的四个特征。在当下的乡村生态场域中，这些特征可以促进乡村发展。其实，不少乡村所面临的问题，本质上是随着社会经济的发展而引发的农村发展的不断失序问题，因此"生态场域"理论以及特性的引入，对于引导传统村落社会回归正常的、有序的运行轨迹就显得尤为重要。

如费孝通所言，中国社会的基础、差序格局、礼俗社会之根源，都在于"乡土性"。"一个负责地方秩序的父母官，维持礼治秩序的理想手段是教化，而不是折狱。"中国乡村治理大体上仍然围绕"礼"与"教化"不断推进。那么在乡村生态场域中，这种"礼"与"教化"除了村规民约、传统风俗外，还要符合多元化，还要引入新的元素，还要具有新时代的特色。

因此，把艺术的概念引入乡村生态场域中，让艺术代替部分"礼"和"教化"的功能。曾经在乡村进行艺术乡建的时候，一位村支部书记这样说："喜欢美的人，心灵都是善良的。"艺术家们在遵循美的规律和设计的一般规律下指导农民，创作出既可以传达出外在美的也可以传达出内在美的内容。艺术作品也要符合社会发展的秩序，从源头杜绝不利于社会秩序建立的内容。源于生态场域理论的秩序性是艺术作品应该遵循的本质规律，在艺术家与农民共同的艺术创作中对于秩序性的把握，是一个设计的基础。故而，除却对艺术家与作品的要求之外，更进一步，如何通过艺术的创作与运作，以艺术的方式整体性地做到社会秩序的调整与引导也很重要。

因此，需要把人、自然及艺术这三个要素放在一个共生的场域中形成和谐的共处关系。同时，以生态场域理论的视野切入，它也将以独特的内涵方法去总结出更贴切、真实的策略与方法。

（二）基于生态场域理论的实际案例分析

1.基于"秩序"探析许村公共艺术公社

许村是位于山西太行山山脉末端的一个古村落，也是如今被称为"中国乡村版的798"的国际艺术公社。在未经艺术改造之前，渠岩曾以社会学的方式对当地村民进行调研，而结果显示，大多数人希望以政府拆迁的方式让全家逃离农村。而这从本质上而言，是随着社会经济的发展所引发的农村发展的不断失序问题。

传统村落的空间衰败而单一，从而导致农民大量逃离，又因此恶性循环，使得原本凋敝的村庄在现代文明的冲击下显得愈发破败不堪，无论是原本的礼法、宗族，抑或是属于乡村的人情与规则，都随着人员的流失而分崩离析。在这种情况下，渠岩将艺术引入许村现存的公共空间中，其意义并不在于艺术自身，而在于对于乡村这样一片干涸的土壤开始与艺术建立起联系。

在许村的国际艺术公社中，则是以"环保"和"可持续"的建筑理念对乡村原有的空间进行修复再造，同时也因此起到普及文化价值、社会启蒙和一定的乡村教育作用，以这样更加温和的手段对乡村原本失序的混乱状态进行潜移默化的引导。从这时开始，艺术会潜移默化地影响普通村民，影响他们的生活和行为。艺术家的确不是简单地着眼于自我的艺术创作，艺术不是仅仅被限制在艺术史和艺术审美的情趣之中，而是一种艺术实践行为，或者是一次社会运动。

2.基于"本位"探析碧山丰年庆

碧山位于曾是徽商发源地之一的黟县，与当下大多数中国传统村落一样，面临着大量年轻人口流失，前往城市务工，当地只剩下大量老人，经济衰退的尴尬局面，而即便是它曾经拥有的宗祠建筑、古牌坊和独具特色的徽派民居，也在时代浪潮的冲击之下，遭到了不同程度的破坏，乡村价值和文化被损坏、被忽视，甚至于被埋没了。

在这里，欧宁与左靖的介入，也是以地方的传统技艺为核心，在此基础上再引入现代的设计理念，在当下的城市化进程矛盾中，更好地保存碧山村的乡村意象、乡村性、地方文化、传统工艺和历史，因地制宜地布置场馆。而其中所做的公共空间改造也是以家族祠堂为基础，融入了乡村原本的宗法制度，包括把从前当地村民饲养牛蛙用的临时休憩场所改造成了"蛙舍"，也是从村民的原有条件和实际需求出发，最大程度地利用碧山原本闲置的空间，完成了第一届碧山丰年庆的作品。

实际上，正是把乡村放在本位去考虑，才能真正使乡村的资源和空间获得发展中所需要的养分，否则哪怕在短期内达到了一定的经济效益和发展空间，得到良性的和可持续的发展，最终也可能会致使乡村本身的既有资源逐渐在城市化和商业化的以经济为主导的浪潮中被蚕食和吞没。

3.基于"互动"探析越后妻有大地艺术节

越后妻有位于日本本州岛的新潟县，有着悠久的历史和深厚的文化底蕴，稳定的农业文明也为这片土地带来了无可比拟的秀丽风光，然而纵然如此，也无法抵挡城市文明与消费文化的大力冲击。越后妻有与其他典型的日本传统村落一样，人口流失、房屋空置、空心化、老龄化，留守的老人作为人的基本尊严也在其中被悄然瓦解。

而在越后妻有大地艺术节的筹备过程中，策展人北川富朗选择了以艺术这种相对柔和的手法去介入村民的生活，去与地方产生互动，他一点一滴地去逐渐了解、深入、追溯村庄的历史及风土人情，并设法用有趣和有亲和力的艺术方式渗透进入，以便于村民去触碰、熟悉、了解艺术。也正是有别于过去封闭式、割裂式开发的参与模式，使得越后妻有大地艺术节在国际上获得了广泛的成功，避免了成为广袤乡土中的一座孤岛，一个画地为牢、故步自封的乡村景区（图1-1、图1-2）。

同样地，在越后妻有大地艺术节开展的前期，面对着信息闭塞、居民保守、物流和资

图1-1 越后妻有大地艺术节（图片来源网络）

图1-2 越后妻有大地艺术节（图片来源网络）

金匮乏等困难，北川富朗采用协作的方式让当地人参与到作品之中，用艺术把过去人们聚集的场所、共同拥有的喜怒哀乐变成作品，成为艺术，去唤起当地人的自豪感，去感动外来者，去赞美这里的生活，并拉动更多的外来者去推广越后妻有大地艺术祭，以互动的方式形成一个可持续的走进来走出去的产业链和系统。

4.衢州柑橘艺术节设计实践

浙江省衢州市域面积 8844.55 平方公里，下辖柯城、衢江、江山、龙游、常山、开化等两区一市三县，以衢江和乌溪江为景观和生态轴线的 4 个城市组团，4 个公共活动中心，1 个干路系统，5 条楔形绿带的城市结构，共有 45 个建制镇，43 个乡，13 个街道。其中省级中心镇 13 个。

新中国成立以来，衢州柑橘种植业稳步发展，并在 20 世纪 80 年代达到了最高峰，主产于柯城区的椪柑是衢州柑橘的代表性产品。衢州市城市性质是"四省边际中心城市，国家历史文化名城，生态园林城市"，试图建设生态环境优美、居住条件优越、配套服务完善、市民生活多样的宜居社区，同时，二十四节气之一的立春也在衢州起源，旧时衢州有立春踏春之习俗。橘子作为衢州的优势资源，需要在政府、企业、村民、市民的共同努力下，尽可能地得以较好的开发。但是，从政治、经济、社会、文化和生态的多元维度而言，橘子这一优势资源的开发仍然缺乏系统性与创新性，更没有形成具有差异化竞争优势的"橘子文化"。面对市场环境的变化，衢州柑橘的盈利能力出现了明显下降，地区品牌效应开始萎缩，曾经引以为傲的柑橘文化使老百姓亦喜亦忧。未来应对这一困境，衢州除了大力引进优秀柑橘品种、提高产品加工生产质量，更亟待重新塑造衢州柑橘文化品牌。

因此，柑橘作为衢州的特色产业，成为此次乡村公共艺术节的相应主题，同样，乡村公共艺术节本身也会成为地方区域品牌的构成要素，而地方通过乡村公共艺术节所相应形成的文化标志、文化氛围和人文品牌，反过来又对节日的广泛传播起到了促进作用，形成一个互助互利的良性循环。因此，衢州柑橘艺术节以引导秩序回归、坚持农民本位、增强在地互动为设计原则，达到改善衢州市公共文化基础设施、发挥柑橘艺术节集群效应、刺激经济增长、实现衢州与外界文化交流与融合的目的。

基于生态场域理论研究，采用紧抓当地特色文化，构建柯城柑橘文化 IP；强调地方农民参与性，建设差异性美学场域，实施 EPC 总承包模式，搭建社会化平台的设计策略。以"艺术振兴乡村 橘业福润柯城"为主题，希望借由衢州柑橘文化艺术节，而打造成为一个"服务型、可持续、可运营"的文化传播、交流合作的平台，用文化手段重塑衢州的柑橘品牌，用艺术感染力带动乡村振兴，实现对农业品牌的推广以及对其核心价值的增值。

石梁溪景观带是衢州柑橘艺术节的主要布置场所（图 1-3～图 1-5）。通过"节气"这一主题沿景观带分四部分在当地展开公共艺术创作。大小主题相互配合，突出层次，让社会各界通过艺术作品、艺术活动不断体验、参与、感受衢州的创造力和可塑性。

除了通过各式各样的柑橘元素的公共艺术作品帮助形成柑橘 IP 外，还设计许多适合各

图 1—3 衢州柑橘艺术节作品《红船》

图 1—4 衢州柑橘艺术节

图 1-5 衢州柑橘艺术节"彩绘橘"现场活动

年龄段人群切身参与的艺术活动，比如"画橘子""投橘子"等活动，延长人们在场地中停留的时间，以推助场地收益的增长。另外，还包括邀请草根明星、增设文艺节目表演，以及搭建平民舞台，供游客参与其中一展身手，帮助人群汇集引流。

在衢州柑橘艺术节结束后，也持续对衢州地方的数据进行了跟踪反馈，从旅游人口、城市品牌、产业经济等方面对此次柑橘艺术节的收益进行了评估，在艺术节的活动参与方面，柑橘艺术节也具有扎实的在地性，不仅吸引了大批的城市游客，在提高地方居民的参与性上也取得了很好的成效，同时进一步帮助衢州柑橘扩大影响。长远来看，艺术节的举办也是帮助地区实现经济转型和多样化发展的一种投资。公共艺术作为增加农产品文化附加值的手段，为提高衢州柑橘的地区知名度、促进在地产业经济活动的活力创造了传播效应。

衢州柑橘品牌的推广，不仅有利于直接改善柑橘产品的销售情况，而且使农民有机会从旅游业等三产业中获取经济收益。这就为改善乡村留守问题，为发展农村新型服务业，促进农村劳动力多渠道转移就业和增收提供了现实路径。当然，作为衢州柑橘艺术节最为突出的特点，艺术家和乡村的紧密合作关系为乡村公共艺术节营造提供了很好的借鉴——艺术家成为引导者和服务者，利用自己的专业能力帮助村民去探索如何使"艺术为人民服务"，使公共艺术节的设计满足乡村村民的实际需求。

尽管获得了较好的收效，但衢州柑橘艺术节在整个过程中还存在一些问题。譬如"衢州柑橘"识别不突出，未能取得对地方品牌较好的宣传效果；或者艺术作品布置分散，导致场地人气聚集不够，使艺术作品未能达成艺术家最初的构想；还有活动内容、配套设施不够丰富，以至于游客来了留不住，留住了歇不了等问题，都是在往后设计策略提出中需要考量的细节。

实际上，我们可以看到，中国悠久的历史文化、乡村广袤的土壤，以及生活在土地上的农民本身，都为艺术的发生提供了无穷的养料。艺术振兴乡村同样在人们未来的精神文化生活中大有可为，广大艺术家可从自身的实践出发，对其理论进行进一步的探索与完善，为我国艺术振兴乡村探寻一条可行之路。

三、村民为主体的乡风与文化建设

如今，全国各地都在围绕着乡村振兴五大任务践行乡村振兴战略：产业兴旺、生态宜居、乡风文明、治理有效、生活富裕。其中艺术最直接针对的核心就是乡风文明。乡风文明相较于其他四项，是很难用产业或者中央资本的介入扶持来达成的，这主要是因为乡风文明建设包括了信仰的修复、文化的修复。

探讨乡风文明，我们必须从乡村文化入手，从乡村的属性和问题着手，如内生和外生矛盾等。目前，乡村文化面临着一系列问题，因此，需要梳理错综复杂的历史脉络，寻找正确的发展方向，构建合理的系统方法，以便各参与方能够制订出不同层级的切实方

（一）乡村文化的两个问题：内生和外生

内生性是乡村文化的天然属性，这里面既有近代以来凸显的民族性特征，又有与农民生活息息相关的民间性特征。但目前，内生性的矛盾仍然存在，包括民族和民间两个方面。

从民族的层面来看，乡村是整个华夏文明的根基所在。春秋战国开始，"重农抑商"逐渐成为中国传统经济的主基调。历代王朝以农为本，劝课农桑，限制工商业发展，康熙皇帝更是把"演耕"作为法律固定下来，每年春季举行"演耕"之礼，垂范天下。这种政治上自上而下、经济上自下而上的双向模式形成了稳固的文化结构，并成为中华文化的典型特征。

鸦片战争对中国文化的巨大破坏，始于乡村小农经济的瓦解。当一个国家文化的根基不在，危机首先必然是民族性的。半个多世纪过去，城市已经成为经济、文化的重心。而一个民族在经济长足发展之后，开始重新审视自己的历史，寻求"文化自信"，文化理性便得以回归。放眼望去，到处是一座座干净的水泥城市，只有乡村的阡陌、田园、民居、宗庙……仿佛在诉说着民族的过去，等待着应有的传承。这种文化寻根，天然带有一种悲凉的味道。乡村，作为中华民族文化的重要载体，期待着再一次重生。

在民间性的层面上，大量人员的外出务工，造成了农村留守人口的减少，经济的落后、人口的锐减以及家庭结构的破坏直接导致了现代乡村发展的滞后。其中，民间文化不可避免地迅速消失。曾经活跃于乡间的各种语言、文学、美术、音乐、舞蹈、戏曲、杂技、技艺、医药、历法、礼仪、节庆、游艺等文化基因，不仅逐渐脱离日常生活需要的肥厚土壤，还面临着严重的传承断代问题。以戏曲为例，据文化部统计数据，1983 年我国有 373 个戏曲种类，而到 2012 年减少为 286 个，20 年间就消亡了近 100 个。此外，国家级非物质文化遗产项目代表性传承人的平均年龄也都在 60 岁以上，45 岁以下的传承人不到 10%，民间文化传承难以为继。

再来谈谈外生性的矛盾。乡村文化之所以还有外生危机，主要是客观环境带来的，即乡村文化的各种物理载体正在缩小。据住建部统计，2000—2010 年，我国自然村数量从 363 万个锐减至 271 万个，10 年间减少了 90 多万个，其中包含大量传统村落。而到 2013 年，在全国尚有的 230 万个村庄中，依旧保存与自然相融合的村落规划、代表性民居、经典建筑、在民俗和非物质文化遗产方面有较高保护价值的传统村落仅剩下不到 5000 个，现存传统村落数量仅占全国行政村总数的 1.9%。如何在城镇化不断前进的滚滚巨轮下抢救乡村文化遗产，是一个重要的时代命题。

外生危机的另一个重要方面，来自现代城市发展中遇到的"城市病"问题。以北京为例，根据北京市统计局、国家统计局北京调查总队发布的调查报告，全市常住人口密度从首都功能核心区向外围逐渐降低，其中北京核心区密度高达每平方公里 2 万多人，是生态涵养区的 109 倍。无论是临时的还是永久的，北京人口和资源从城市到乡村地区的反向疏散都在不断发生，近年来兴起的"沟域经济"就是这一趋势的生动写照。这种人口和资源的流动是对乡村文化的一次冲击。

在了解了这些基本动机之后，探讨乡风文明就有了深层次的话语范畴。这个时候艺术振兴乡村对于乡风文明的建设来说，实则是最为灵魂的，它一方面能够服务于当下的乡村建设，另一方面又能够弥补文化的裂痕。当然，这绝不是单维度从艺术到艺术、从设计到设计来看其价值和意义，而是以艺术为抓手，全局性地去看待这一问题。

尤其是在当下，农民原子化、农村空心化、农业增收难的态势在我国农村日趋明显，单纯依靠"输血式"的"外生驱动"已经无法实现乡村振兴的要求。为此，2016—2019 年连续四年，中央一号文件多次强调要增强农村发展内生动力，特别是 2018 年和 2019 年中央一号文件提出了要切实发挥农民在乡村振兴中的主体作用，村民内生动力的激发是乡村内生动力的核心。激发和调动农民群众积极性创造性，不仅明确了农民是农村内生发展的主体，也为设计介入乡村指明了方向。

（二）内生动力激活策略

"三农"问题一直受到党和政府的重视。党的十九大报告提出实施乡村振兴战略，为新时代指导农业农村发展提出了重要的行动指南。面对乡村建设的问题，相关领域的专家学者也投入艺术介入乡村建设的项目中。艺术振兴乡村越来越受到社会各界的重视,其模式、内容呈现多样化,涉及人口、农业、文化、经济、管理等各个领域。

在我国,文明的源头在乡村,社会秩序的根基也在乡村,同时,艺术也是我们美好生活中不可或缺的元素。一方面,随着人们生活水平的提高,传统常规的乡建手段及手法已不能适应当代人对生活及物质的要求,创新思维、体验式经济、沉浸式感受等更能体现人对生活环境的要求、对审美的要求及对当代生活方式的追求。因此,从满足人民需求和解决矛盾的动机出发,可以通过艺术手段,用艺术的思维、艺术的创新改变乡村的整体形象,转变乡村的传统产业模式,实现农业产业升级,改善农民的物质生活水平;同时体现农民的自尊、自信、情感归属与幸福感。

在表达思想、传达概念上,艺术是一种最直接、最便捷的语言,它通常以友好的方式进行沟通。不同的艺术形式之所以旷日持久,是因为它们诞生于一个区域特有的文化和社会经济环境中,是人类智慧和创造力的结晶。因此,艺术作品往往反映一个民族的价值观、奋斗历程和美好愿望。

第一,艺术语言通过作为具体符号的艺术品,成为构成美学话语的结构性事物。这种符号学语言以美的形态呈现,以直观的视觉感受传达信息,没有语言交流障碍。艺术语言能够跨越国界和种族在人们心灵上达成一种共识,在人们思想上达到共通。

第二,艺术手段较之行政命令等其他手段更容易被人们接受和认可。艺术以无形的、春风化雨似的形式滋润和灌溉,是一种友好的交流手段。

第三,艺术是人们对美好生活的向往。美好生活与艺术有着天然的联系,艺术既是美好生活中的重要组成部分,又是美好生活体验的助力器。

艺术振兴乡村是借助艺术形态重建人与人、人与自然、人与社会的关联。艺术介入乡村的焦点不是艺术本身,而是通过艺术手段介入恢复乡村的礼俗秩序和伦理精神,激发村民的主体性和参与感,延续人们内心深处的敬畏和温暖。乡村建设从人的建设出发,人的建设首先是精神的建设,在进行艺术乡建过程中,采取微循环经济的方式来推进乡村的进步。有效的乡村建设不是以一种外来的东西改造乡村、重构乡村,而是从乡村本来的逻辑出发建设乡村。

1.引入有效的市场机制,调动村民自发参与的积极性

传统村落的重新激活不仅是传统村落自身发展的需求,也是时代对其提出的需求,城镇化的高速进程将农民和农村远远抛在了身后,作为弱势群体的农民很难在时代巨大的浪潮下精确把握住自己与乡村的立足之地,自然需要一个具有局外视角的设计规划者在这个干预过程中,对传统乡村本身内在的精神动力进行激发。

许多地方在进行美丽乡村建设时,没有积极探索如何引入市场机制、发挥社会力量作用,而是采取传统的行政动员、运动式方法,尽管一些设施一时高标准建成了,却难以维持长期运转,缺乏长效机制。这一方面是乡村建设没有真正的落到乡村实处,从每个乡村最根本的需求及可能性出发，所以"人走茶凉"，村民们并没有自发的参与也没有动力去维护；另一方面是没有合理的运营机制，从根本上来说就是这些乡村建设成果很少能成为该村赖以生存的产业之一，没有好的运营导致后续力量不足，不能可持续发展。

艺术创作强化了乡村民众的参与意识，不仅可以增强乡村民众的责任感与使命感，而且能够调动民众参与乡村治理的主动性和能动性，这在一定程度上激发了治理主体的参与活力，释放了乡村治理的社会活力。艺术活动能够最大限度激发基层和民众的自主性和积极性，让农民群众共同参与，自己创造自己的幸福生活。

从另一个角度看，艺术创作非行政手段，能够避免个体形态社会参与权利的虚化或流失，组织形态社会参与面临效能弱化以及制度体系内卷化等问题，不仅不会削弱乡村治理的广度、深度和效度，还能提升乡村发展的内在驱动力。坚守"农民为主，艺术家指导，政府协助"的主线，激发乡村治理主体的内源动力，突出发挥乡村治理的中人的积极作用。

艺术设计作为一个纽带，它的激活能够充分挖掘资源，形成面向特定人群的文创产业及以旅游、体验为导向的服务产业，加强城乡资源与信息交流，形成城市推动乡村发展、乡村反哺城市的城乡协调发展态势，并在全盘的系统性考虑中引入合适的市场机制，建立合理的运营机制，与其他学科紧密联系起来，这是其具有的优势性。

2.激活村民主观能动性，实现文化传承与再创造

艺术和贫富无关，人本来就需要艺术，艺术设计是一种有效的手段，而不是以一纸行政命令来强迫或者要求人们进行活动。

我们讨论用艺术激活乡村与村民，不止是对传统村落景观的改造，也是对乡村情感的体悟与关照。传统村落的文化是活的遗产更是资源，我们对遗产应当传承和保护，对资源则应该进行开发与再创造，通过公共参与、深度访谈、持续对话等方式，传播传统技艺等非遗保护思想，提升乡村居民的文化自信，增强村民的劳动技能，加快农村生态文明建设。中央政府层面提出的生产性保护理念正是如此。

而资源的利用主体也绝不只是介入乡村的艺术家，更应该是久居于此的村民。任何艺术行为，在协调传统村落资源，激活沉睡的村落机枢之前首先应考虑村民的主观能动性。因为文化真正的传承与再发展，绝不是依靠外来艺术家一时带来的冲击，也不是行政干预，而是通过艺术设计的手法，利用村民自己的力量，使其参与到乡村建设中来，改善自己的村容村貌，改善自己家的生活环境，让这件事情变得与每一个个体息息相关。

艺术手法是潜移默化的，它作为一个抓手，把乡村建设最核心的这一批人——即村民本身黏合起来，增加凝聚力，这是目的也是价值。在这个过程中，通过对和他生活休憩相关的事物的美化，改善，让他切实地感受到"艺术美"这样一种春风化雨的力量。在这个过程中，我们让村落中的居民有具体的参与感，形成传统村落的文化艺术氛围，不仅能够激活农村村民的内生动力，化解村民之间的矛盾，更能向农村群体敞开大门，传播知识、建设文化、实现自我建设，而不是简单粗暴的"等靠要"。从而促进乡村"文化富民"的产业化发展，达到文化的可持续发展，实现有深度，有质量的传承。

四、"文旅3.0"释放"文化内需"

"文化内需"正在被撬动。2019年8月27日，国务院办公厅印发《关于加快发展流通促进商业消费的意见》（以下简称《意见》）。《意见》提出了20条稳定消费预期、提振消费信心的政策措施。此前的7月31日，国务院常务会议上专门针对促进文化消费，提出了推动消费惠民、丰富产品供给、完善市场监管三项措施，鼓励各地举办文化旅游消费季等活动，实施门票打折等政策。

文化生产力在现代经济的总体格局中的作用越来越突出。其中，文化创意产业能有效刺激内需，形成新的消费市场，有效地推动经济结构调整和经济发展方式的转变。文创产品是扩大"文化内需"的重要力量。比如，2019年在上海举办的第十二届中国艺术节上，仅仅4天，5700余种文创产品就吸引了超过5万人次的观众，销售额超过3400万元。文创产品的消费潜力相当可观。

文化创意产业对接的是人们的精神需求，是人们对美好生活的向往。这种需求也在不断增加。数据显示，过去5年，我国文创产业增加值增加了66.09%，占GDP的比例在2017年达到4.29%，但与发达国家相比，我国文创产业的增长还有巨大空间。

基于传统村落特色发展的艺术振兴乡村途径并非某一具体的设计，而是艺术激活乡村的机制、规划乡村产业发展等。首先应找准地方定位，这也是避免乡村建设同质化问题的根本保障，然后在此基础上再来进行在地的设计策划与创化。单纯的艺术作品或者方案本身，并不足以支撑乡村振兴的全盘大局，关键在于艺术创作后怎么转化为价值，转化为价值后怎么持续的收入，怎么在艺术家离开后持续运营。

乡村建设不只是美化，将在地创化品转化为后续可持续的商业价值才具有更大的意义。在这里笔者提出了"文旅3.0"这样一个多维度的概念，"文旅3.0"是旅游方式和内容的升级，旅行1.0是"跑景"，2.0是"吃住"，3.0则是心灵的旅行。其涉及文创产业的上下游，涵盖了旅游、商品等一系列的消费内容，某种意义上其渗透于人们的日常生活，或者说，是把"生活艺术化"的一场文化旅游一体化的全面策划。

特别是云计算、大数据、物联网、人工智能、区块链、5G等新一代信息技术的迅猛发展，深刻改变着人们获取知识、传递信息、鉴赏文化的渠道和方式，推动文化创作生产传播方式发生深刻变革，"文旅3.0"恰逢其时。

新时代，只有"文旅3.0"才能更好地扩大"文化内需"并与之匹配。我们会考虑旅游的价值：体会彼地的生活状态，反观自身，以期对生活、生命的深层感悟。我们会体悟文化：一个地方长期以来形成的行为习惯，凝练出的一种精神价值，从而铸造出一种集体人格。所以，文创产品应是以上的视、听、嗅、味及心灵的具象化体验。文化基因的挖掘、呈现及地方 IP 塑造中，文创产品是重要载体。所以，文创产品形态需多元化，也更加生活化（同时具有二次传播的功能），或者说的明白一些就是"生活艺术化"。

"文旅 3.0"为文化消费供给侧改革提供了参考。从以上对"文旅 3.0"的剖析可以看出，其重要内容之一就是新文创消费，故宫日历等文创产品的火爆，博物馆、展览馆等文化游的流行，无不折射出文化内需的"新气象"。新文创的"新"肯定体现在设计上，此外，新文创都或多或少的增加了一定的使用性，即功能。文创产品一方面为我们所赏心悦目，另一方面，又能够为消费者所使用，当然让人"爱不释手"，这也正是"生活艺术化"的写照。

实际上，不少人也能够基于朋友从某地带给他的手伴、礼物，而产生到这个地方去旅行、去看看，甚至是去买特产的念头。比如，笔者带领【艺乡建】团队曾经在湖北省孝感市孝昌县王店镇磨山村樊家湾进行艺术创作，并利用当地的石材和匠人们高超的石艺，设计创作了几组茶具，当把部分产品送给朋友后，其中一部分人产生了想到樊家湾旅行的想法。还比如，在 2018 年的第十三届中国北京国际文化创意产业博览会上，安徽展区内，六安竹编首次参展。来自六安市康宁竹编工艺品有限公司的展台上，不仅展陈着上百种用竹丝编织成的筐、箩、盘、篮等农家器物，还安排了巧匠们在现场编织，并请来皖西庐剧演员演唱家乡小调，为来宾们奉献精彩纷呈的视听盛宴。很多国外宾客赞叹不已，纷纷上前购买产品。

"文旅 3.0"主要围绕满足国民精神消费需求，发展新文创产业，借此刺激国内消费快速增长，将经济增长的新引擎做大做强。

第二章　艺术振兴乡村路径研究

自党的十九大报告提出乡村振兴战略以来，"乡村振兴"越来越多地出现在大众的视野里。新世纪以来的经济社会高速发展使乡村文化出现断层和遗失，一些传统习俗、民俗文化、传统手工艺等文化、艺术资源亟待被发现、利用和传承，并需要将其转化为文化产业和文化资本优势。近年来，乡村正逐渐回到人们的视野中，在年轻一代中，返乡热度持续增高，但随之而来的如环境污染问题、基础设施不足等问题，让大多数返乡人又不得不返回城市，如此不仅不能振兴乡村，反而会对乡村原有生态造成一定程度上的破坏。本章节具体研究了艺术介入到乡村文化建设与经济建设中的具体路径，提高乡村文化与经济活动的参与性、体验性和代入感等，通过村民、当地政府以及艺术工作者三方协作，来实现文化、乡村风貌的有效复兴和可持续发展，最后达到振兴乡村的目的。在这个探索的过程中，我们逐步完善理论，不断地收集国内外优秀案例，同时进行实地实践，总结出能够贴合我国国情的乡村振兴具体路径。

乡村振兴"人"是主体，激发村民内生发展动力是乡村振兴重要的一环。书院是中国传统文化中特有的概念，它承载着中国的士人们展开一系列与书相关的活动的场所。我们将传统村落中重要的精神根基——乡村书院作为切入点，研究其在乡村文化资本向经济资本转化中起到的作用，以问津书院为具体案例，分析当下乡村书院发展境况与意义。为了进一步实现乡村振兴，提高村民的自我认同感与文化建设参与度，提出了当今乡村书院超出其原本承载作用，以及作为乡村文化集成体这一概念，并从空间造型、文化传播、旅游兴盛三方面探索了乡村书院对于传统村落振兴与恢复的艺术手段。

从古至今，中国人都是以家为单位生活在这个社会中。家庭成员的思维习惯和行为习惯会相互碰撞、磨合、传承、发展，形成一种对整个家庭或家族有着重要影响力的环境和氛围——"家文化"。"家文化"的核心是价值观及其派生的行为规范、道德准则、群体意识、思维方式等,其直接影响着家庭成员在社会生活中的行为。弘扬良好的乡村"家文化"有助于激起人们的家庭凝聚力和内生动力,利于乡村振兴战略的实施,对于振兴中华、实现中华民族伟大复兴的中国梦有着重要的意义。但在现代化、城市化、工业化发展浪潮的冲击下,农业、农村、农民的体系格局与生存状态发生剧烈变化,农民的思维模式、价值观、生活方式等也随之发生演变,"家文化"逐渐淡漠,直接或间接地影响了农村文化、经济的发展。在具体路径的研究中,我们也从物质及非物质两种层面来阐述弘扬优秀"家文化"的途径与原则,以小带大,期望为家文化研究提供理论补充与现实指导意义的同时振兴乡村。

从经济角度来看,市集作为乡村特定的物品交换的形式与场所,对乡村振兴有着极大的影响。将艺术手段与传统乡村市集结合的构思来源于将民间创造力和工艺技巧通过日常生活产品和传统的市集交易形式呈现出来的创意市集。艺术市集是将艺术与乡村振兴有效合理集合的路径之一。在关于艺术市集的路径探索中,对市集文化原型进行梳理和对乡村市集现状进行分析后,明确了目前乡村艺术市集发展困难的原因,在案例中总结艺术市集振兴乡村的具体路径,从乡村市集板块、实现步骤和盈利模式等方面对时下我国乡村艺术市集的建立与发展提出了可行的方法与建议。希望通过乡村艺术市集将地域独特的传统手工艺与现代审美、艺术创意相搭配,重新搭建传统民俗文化体系,使乡村焕发新的活力。

乡村品牌的建设是区域营销的重要举措,能够助推乡村经济成功转型并持续全面发展。在本章节最后一部分中,我们提出的乡村品牌战略研究,主旨是通过一个区域(如县、乡、村)的乡村品牌,统领系列性的农产品、地理标识、旅游目的地和产业集群等多种类型的品牌营销手段,从而获得乡村内生动力,促进区域经济全面发展。

一、书院文化

(一)形成的文化原型——乡村书院的衍生与发展

1.乡村书院的概念与定义

"书院"一词,是属于中国传统文化中特有的概念,萌芽于唐末,发展于宋代,是在漫长的历史发展中,承载着中国的士人们展开一系列与书相关的活动的场所,不论是藏书、教书、读书都发生在这一方天地中。多由官府或者私人所设,供给收徒讲习、研究学问所用。而乡村书院,顾名思义,与其所存在的地理位置相关,则特指建在乡村,且将招生范围确定在所在地的一乡一村的书院。

它的创建有四种情形:一是某人单独创建;二是某人倡建,众人襄成;三是乡人共建;四是官府倡建或创建。需要强调的是,由于我国传统乡村中根深蒂固的宗族与血缘观念,书院中除官府创建者之外,如丽正、集贤书院等,实际上所存的乡村书院都与家族书院有较深的联系，多由当地的富户、学者自筹经费而得，用以培养族中子弟，以求得读书中举，出将入相，具有一定的宗族荫蔽之意。从某种意义上来说，也可将乡村书院视作家族书院在生源与范畴上的延伸推广。

2.乡村书院的作用与特征

作为中国士人体系中最底层、最基础的书院，乡村书院数量大、分布广，扎根于乡村社会，以封建社会中主流的儒学观念、道德伦理作为基础课程，一定程度上承担了将这些知识文化与传统观念向广大基层人民进行普及的任务，并促成了民间价值信仰的形成。同时，作为家族与乡村社会文化活动的中心，乡村书院不独为发展教育之体，亦为醇正风俗之原。它具有如下三个特征：其一，开设数量多，分布范围广，作为文化教育组织，在农村地区具有极其强大且鲜活的生命力；其二，招生范围限定于所在地的一乡一村，服务区域小，辐射面积少；其三，教学程度不高，一般只起到教育普及作用。

3.乡村书院发展境况与当下意义——以问津书院为例

传统村落承载着中国精神的根基——乡村独有的自然文脉、风土人情、生态面貌构成了乡村独有的知识、管理与信仰体系。随着清末书院的改制，乡村书院基本改建为民居或祠堂，部分也作为学堂进行保留。但是随着城市化的快速推进，传统村落的没落与衰败成为一个无可回避的话题，而作为传统村落中典型代表的文化资本，乡村书院也一并走向消减。现今，大部分得以留存的书院则多是以被赋予新的功能取代原本的教育功能而被保留。

以湖北省武汉市新洲区孔子河村的问津书院为例，现今就作为保护单位被打造为景点供给游人参观学习。高峰时期的游客量可达每日2000余人，主要辐射范围为本省游客，新洲当地居民数量达六成，武汉市游客可达三成，另有外省游客通过网络以及亲戚朋友间的联络，借由年节假期来此进行参观。而问津书院距离城镇中心一小时左右的车程，也为其发展提供了便利。

此外，当地政府依托问津书院恢复了"问津讲坛""孔子诞辰纪念活动""旧街花朝节"等有助于传统文化弘扬与传播的相关活动，极大地丰富了百姓的精神文化生活，随着书院的恢复，当地也自发性地恢复了祭孔典礼。并且，由于书院的特殊意义，其也成为当地居民为考生祈福祝愿、成绩登记报录的又一场所，由时代性而衍生出了新的功能（图2-1～图2-3）。

同时，书院也成了当地居民带领青少年进行学习教育的文化教育活动中心。其中出售的各类教育书籍以及当地的文化志与儒学经典，也一定程度上实现了问津书院的经济创收，并提供了相关岗位。对当地旅游的发展起到了十分重要的促进作用（图2-4、图2-5）。

当然，问津书院只是广大在存书院中具有代表性和参考价值的一处，实际上对于现存的乡村书院来说，由于其数量众多、分布广泛的基本特征，往往难以做到一一统计。而部分书院在选址时也常以僻静处为佳，往往地处偏远，留存位置不明，更是难以确认现状，也为调研工作的展开造成了一定的困难。

图 2-1　问津书院（甘露　拍摄）

图 2—2　问津书院祈福挂牌处
（甘露　拍摄）

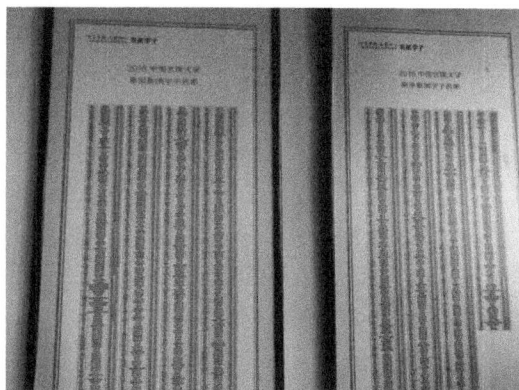

图 2—3　问津书院新洲考生中国高校录取榜
（甘露　拍摄）

图 2—4　问津书院读书处（甘露　拍摄）

图 2—5　拜跪孔孟先师（甘露　拍
摄）

（二）作为乡村文化集成体的乡村书院

随着时代的发展，为了进一步实现传统村落的振兴与活力的注入，提高居民本身的自我认同感，乡村书院所需要承担的功能已远远超出原本单纯的教书育人与文化普及。当下，我们所提到的乡村书院，更多的应该是将它的建筑形制、传统功能、承担诉求等元素融合并包，作为一个整体而非简单的书院，以一个区域经济发展的视角去看待该问题。以全局性的观点切入，将乡村书院作为乡村文化集成体这一更加宽广的概念，去讨论它的用途与效益，才能进一步思考艺术手段在此层面上的介入与激活。

1.乡村书院建筑空间的内涵与改造

书院建筑空间是书院功能的承载与依托，一方面具有所在地的民居建筑特色，古朴典雅，灵动和谐；另一方面也体现了儒家思想中的"礼"之精神，往往在空间布局严格依照礼制，严谨异常，以中轴线为统领，主体建筑在轴线上依次布置，空间高度上逐步上升，以表达封建礼制中的主次分明、尊卑有别等思想（图 2-6）。

而从直观表现上，中国传统村落的衰败最明显的体现于传统民居建筑与公共建筑在城市化冲击下的消亡，乡村书院就是其中具有代表性和深刻内涵的一种。那么如何改造传统

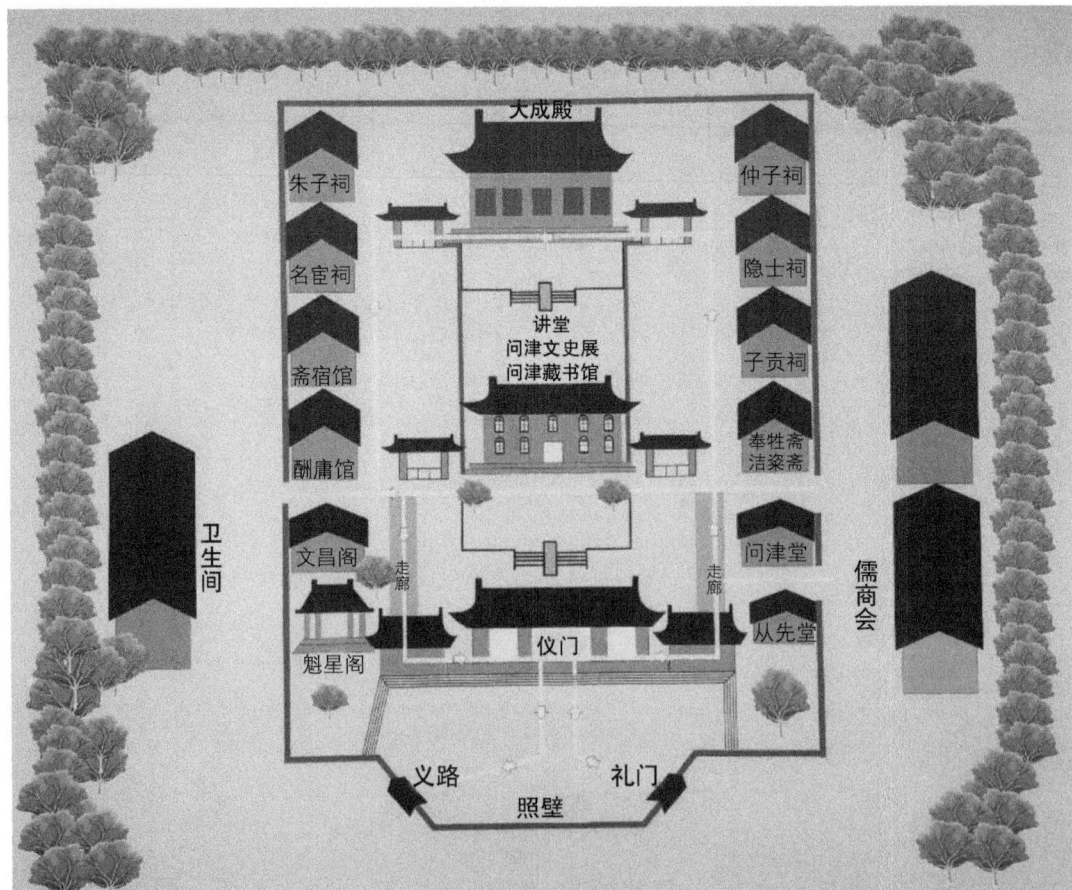

图 2-6　问津书院平面图（甘露　绘制）

乡村书院的建筑空间，使重构后的乡村景观能够更适应"中产阶层的审美趣味"，从而吸引大量城市人口的视线，直接带动其旅游业的发展，这是艺术介入时需要思考的问题。在不推翻旧有文化传统的基础上巧妙地赋予新的文化内涵，实现对传统书院建筑的改造与活化，用艺术的手段来进行整个乡村文化格调的提升，是在乡村文化集成体物质表象构建上的一次探索与尝试。

2.乡村书院对文化心理诉求的承载与传达

中国农村具有广大的人口基数，相对于士大夫阶层而显得知识贫乏的群体天然有着对知识的尊敬与向往。而"耕读传家""崇文重教"这样的文化则正是在中国古代传统社会中一种半耕半读的生活方式下所形成的。乡村书院作为传统村落中极为重要的文教建筑，无疑承载了这种文化思想，而坐落在村落中风景宜人的基址，则成为村落中引人注目的重要景点。

在这里我们需要注意的是，如今乡村建设所面临的问题不同，作为文化集成体的乡村书院所承担的文化心理诉求也相应地跟随着时代产生了一定的变化，譬如留守儿童、空巢老人的精神文化缺失，文化断层等问题，故而我们也要根据实际情况做出相应的调整反应。以调研所得举例，大部分春节返乡人士在家中多为打麻将、吃喝等，并无其他可进行的活动，又如快手上泛滥存在的农村"未成年母亲"等现象。那么如何引导农民逐一去解决互助养老、乡童教育等问题，其实也是广泛多样的艺术形式艺术手段需要思考的问题。乡村书院不应该只是为城市居民提供的景点，也要为当地居住的乡民服务，使精神得以传达。

3.乡村书院对乡村文化资本的构建与转向

乡村文化资本包括了乡村所拥有的各种象征性的符号，如物质文化、精神文化、制度文化、行为文化等所有文化象征符号，而乡村书院本身建筑形式对物质文化的传承——其中耕读传家的精神文化，以及传统礼乐思想的制度文化等等的集合，都注定了乡村书院作为一个文化集成体对于文化资本构建将起到重要的作用。以乡村书院这一集成体为点，以点带面，围绕着乡村书院来构建乡村文化资本，无疑是最省时省力的方法，既避免了无中生有的文化编造，使资本成为无根之木、无水之源，也最大程度上保留了乡村的原本风貌。

而使乡村自有的文化资本转向为经济资本，最终还是需要借助艺术这一抓手。艺术首先可以切实地从物质上的建筑空间着手，实现地标文化建筑的打造，完成传统村落现代公共空间的培育，并通过推广与传播的手段实现乡村品牌的塑造。而这种属于特定乡村的文化符号、时尚格调，恰恰就是乡村文化资本构建的关键要素。

（三）乡村书院的艺术振兴之路

乡村的振兴，绝不是简单的乡村建筑的翻新、基础设施的建设、文明标语的刷涂，甚至不仅是乡村本身文化的复兴与活力的注入，实际上，更是为了在现代化世界冲击下探索新中国文化之路，寻找现代性的中国方案。

传统村落的振兴与恢复必然需要一条可持续发展的深化道路。以乡村书院这一文化集成体作为核心，以艺术的手段来介入振兴，实际上一方面是在空间造型上的恢复与创新，借用实际功能启迪农民自觉；另一方面是对以书院为载体的乡村文化教育的激活，并在这个过程中带动产业的发展，实现共同体意识的营构，并最终做到乡村文化的反向输出。

1.建设学院学习空间，以文化提升村民的素质

在现行的乡村书院建设中，不难发现许多地方的书院是以一个"旅游景点"的形式存在于当地，与地方村民存在一定的壁垒性。书院的建设只考虑到了参观游客这一群体，却未曾从地方村民的角度出发思考书院对于村民文化素质提高的意义，导致村民并非既得利者，而有时反受其扰，这也是在调研访谈中所得的地方干群矛盾的原因之一。

故而，在对乡村书院空间营造时，尤其是改建后的书院是否还需要按照传统礼制严格执行，抑或以村民的实际需求找到适合乡村教育的方法，自由灵活的对书院建筑空间与形式进行组合，只取其"意"，而不必强行附会其神，也是在艺术改造中需要斟酌的问题。

同时，设计是为了解决问题，与之相应的，教学空间的设计也应与课程的存在形式和需求相符合，如将课程内容编为容易理解也便于记忆的歌谣，排演为喜闻乐见的剧目，以一种更易于接受与亲民的方式提供，特别是乡村儿童，让其在戏剧表演中提高自己的表现力和理解力。解决乡村教育痛点，满足乡村家庭的教育刚需，同样是具有多种存在形式的艺术可以介入的方向。

2.改变乡村的固有形态功能，营造共同体意识

一个乡村的共同体意识，是在构建共同体的实践中形成的。作为营造村民公共生活与精神生活重要载体的乡村书院，无疑是一个重要的共同体，对于其学习空间的文化建设也必然会带动当地的乡风文明建设，并在此过程中逐渐消解村民之间的矛盾，潜移默化地增加当地村民之间的凝聚力以及对于场所本身的黏度，起到艺术振兴乡村的作用。

在这里所讨论的乡村书院学习空间实际上涵盖了更广的范围，它作为一个点带动了乡村整体的发展与固有形态的变动，是一个整体性的方案。实际上，乡村书院不仅仅只是开设相应的理论课程，如修身、家庭教育、国学、儒学，更应该是理论与实践并行，同时改写乡村原本固有形态的功能，开发出更符合现代需求的作用。譬如学员在书院读书，在乡野间耕作，在农家小院居住，购买手工制品的同时拉动了周边生态农业、民宿、文化创意产业等旅游相关的发展，这是一个一体化的运营模式，只有当乡村整体协调平衡发展时才能收益最大化。在这个过程中，当地居民无论精神或者经济上都能够获得切实的收益，书院本身与村民的生活和利益息息相关，则自发的维护与建设也就相应产生，成功地营造了共同体意识。

3.实行文化反哺，催生文化旅游

乡村书院的空间建设与改造，一定程度上实现了城市对乡村的文化反哺，所谓的"文化反哺"是指"年青一代将文化及其意义传递给他们生活在世的年长一代的新的传承形式"。放在乡村与城市关系中，即也可以理解为是通过城市文化机构、群体、媒介对于乡村书院

空间的介入与帮助，如下乡青年大学生、志愿者、公益组织、艺术家等，在有了乡村书院这一公共性的可容纳空间后，展开一定的文化艺术活动，并为乡村带来关注与流量，从而达到推动传统文化传播与提升传统村落文化活力的目的，在此基础上，催生文化旅游的诞生。

需要注意的是，城市对于乡村文化空间的反哺一定要在尊重当地文化基因与脉络的前提下进行，绝非简单的城市资本入场。乡村的本质是乡村，乡村书院也是乡村的书院，发生在乡村书院的文化艺术活动也不能"曲高和寡""高高在上"，只有城市艺术家的自娱自乐、孤芳自赏，必须要有当地村民的参与，发掘当地的文化特色，做到"接地气"，才能真正做到催生当地的文化旅游，而非将城市的活动照搬到乡村。

近些年来，随着国家对于乡村振兴策略的大力推行，乡村的发展至关重要。而本文所提出的观点与论述正是与乡村振兴五个总的要求中的"乡风文明"直接对应，通过对于乡村书院这一乡村文化集成体概念的发展与探讨，以期以此为抓手，探寻到符合当下社会发展与基本国情的艺术振兴乡村手段。

二、家群文化

纵观中国的发展历史，"家"始终是中国人磨灭不掉的印记，它承载着所有人对生活的最终幻想和归属。"家"凝固了一种道德文化，将中国古代社会一步步引向文明，始终是中国人磨灭不掉的民族精神，它承载着一个民族灵魂的归属，承载着辉煌灿烂的中国古代文明，承载着中华民族素有的文化自信。在漫长的历史长河中，"家文化"将中国的文明、政治、传统宗教、礼俗与文化生活融为一体。人们所接受的"家文化"不仅规范着家庭关系和家庭生活方式的存在和发展，也与社会其他部分所需的行为模式有着千丝万缕的联系。在家庭内部，"家文化"是一种激起人们家庭情感和凝聚力的文化，通过"家文化"的传播，协调家庭成员之间的关系，排解矛盾，积极疏导，形成家庭的向心力和凝聚力，使每一位家庭成员自觉地完成对家庭的义务。在社会中，"家文化"是一种具有强大社会服务功能的文化，从家庭文化中所接受的价值规范和行为方式不可避免地支配着家庭成员对其他社会组织和关系的认识和行动，良好的"家文化"具有促进作用。

（一）当前"家文化"淡漠的主要原因

1.农民数量减少

当前"家文化"淡漠最主要的原因是承载文化主体的农民数量在迅速减少。农民是乡村文化的创造者、继承者和传播者。然而，在现代化变革、城市化以及其他利益的诱惑下，农民群体出现递减的趋势。农民离开了生存的热土，对农村与农业文明的认同逐渐淡漠。

2.规范农村秩序的传统伦理道德滑坡

规范农村秩序的传统伦理道德出现滑坡，乡亲间的人情关系逐渐疏离。在地缘和血缘基础上融合成的乡规民约、宗教文化、传统习俗等伦理道德标准深刻影响着乡村人民的行为，维系和守护着乡村社会恪礼守道、尊卑有序、崇尚合和的文明秩序。但是市场经济的发展及利益驱动促使一部分农民思想产生了变化，伦理情感日益淡漠，行为失范现象时有发生。再加上受封建迷信、低俗文化和道德发展水平的制约，朴实的乡风文明不断被吞噬。

3.农民责任义务观改变

在社会变革进程中，农民对国家、社会的责任义务观逐渐发生改变。一方面，随着农村集体经济组织的功能弱化，农民对集体组织的生存依赖相对较少，农村基层组织的凝聚功能日渐减弱。另一方面，农民对个人利益的诉求强烈，导致社会责任感缺失，讲求奉献的人逐渐减少。

4.便捷通讯方式的普及

信息化改变了人与人的交流方式，网络与电话沟通成为常态，便捷化的沟通直接减少了人与人面对面交流的期待感和仪式感。

5.各种思想观念混杂

社会的快速发展使得农民的文化心理、认知和认同等在各种思想混杂与激荡中面临着由传统走向现代的挑战。另外，部分优秀的乡村文化尤其是具有民间特色的非物质文化遗产，因为缺乏有效的保护和传承而出现一定程度的流失，使得"家文化"繁育的土壤逐渐丧失。

因此，针对以上问题，我们不能让乡村"家文化"丧失自己文化培育的独立性和自主性，丧失自己的话语表达、文化自信和文化认同。从物质层面与文化精神层面，重新聚合乡村"家文化"的内生动力迫在眉睫。

（二）弘扬"家文化"的原则

1.弘扬优秀传统文化,去除文化糟粕

弘扬"家文化"必须立足于中华优秀传统文化。牢固的价值观都有其固有的根本，抛弃传统、丢掉根本，就等于割断了自己的精神命脉。在现代社会应重温儒学经典，汲取儒家思想精华，同时深深扎根于农村、走近农民、贴近生活，促进传统"家文化"的现代性转换和实际融入。摒弃传统文化中封建的糟粕部分。在弘扬传统美德的同时，促进农民对"家文化"的认同和对社会主义核心价值观的文化认同和价值认同。

2.因地制宜发展"家文化"

乡村"家文化"因地理分布、民族习惯、气候环境等的不同呈现出不同的文化个性，乡村"家文化"的独特性是其赖以生存和发展的基础。因此，应立足乡村的实际情况，在不断挖掘地方特色"家文化"潜力的基础上，创新乡村"家文化"发展的实践模式。一是以地域特色文化为依托，通过特色乡村的培育以及"家乡情结"的情感作用将人们对家乡的依恋转换为"家文化"建设行动，促进文化主体力量的积聚发展。二是通过"家文化"品牌建设树立乡村文化自信,增强村民归属感与认同感。三是推进城市文化资源向乡村延伸，不断繁荣乡村文化市场，焕发乡村"家文化"建设的发展活力。

3.不断整合社会资源

动员社会公益组织和高校师生参与到乡村"家文化"的建设中来，形成多元共治的文化发展格局，深入挖掘"家文化"在乡村的文化价值与经济价值。这不仅是基层政权组织的有效补充，也是社会力量对乡村文化发展需要的人文关怀。对村民具有教育及感染作用，有助于乡村"家文化"的正向发展，促进人与人、人与文化、乡村与社会之间的和谐发展。

（三）弘扬"家文化"的物质途径

1.修建现代宗祠

宗祠，又称宗庙或祖祠、祠堂，旧时是供设祖先神灵牌位、进行祭祀活动的场所，又是从事家族宣传、执行族规家法、议事宴饮的地方。宗祠文化映射到每个家庭的家风、家训、家规文化也是现代乡村建设的一个重要着力点。旧时宗祠具有鲜明的维系功能，是弘扬"家文化"的一个重要载体。通过宗祠开展一系列活动，以强化彼此的情感，增强向心力和凝聚力；以同一宗族的血缘关系为基础，通过对先祖的祭祀供奉，发扬孝道，增强本宗族的向心力、凝聚力，以求宗族的兴旺发达。宗祠还具有极强的教化功能。利用宗祠庄严肃穆的建筑、堂号堂联、仪式活动，结合宗谱家谱的撰修及族规民约的制定，清晰梳理本宗族的源流和血脉关系，以达到明彝伦、序昭穆、正名份、辨尊卑的目的，向本宗族的后代昭示深刻的道德情感、鲜明的伦理法治，实现教育后代、感化后辈的作用。宗祠文化具有很大的调节功能。在宗族内部，族规祖训既能规范族人的日常行为，也能起到协调族人之间矛盾、解决彼此冲突、调整族人心态、和谐族内关系的作用，甚至在很大范围和较高的程度上调节一个宗族与其他宗族的日常关系，在日常生活生产中扮演稳定器的角色。同一宗族的大小人员，不管平时身在何处，从事何种职业，他们热爱家乡、眷恋亲人的思想感情都得到了升华。他们的情感受到宗祠文化的感染而紧紧相连。

在发挥宗祠传统作用的同时，更要适时加入新的文化功能。

（1）**发挥宗祠展览功能**

宗祠建筑本身就是古代建筑艺术、文化观念、生活方式、伦理道德、家族信仰、社会理念等方面的集大成者。通过宗祠这一平台，全面展示一个宗族的艰苦奋斗、艰难生活的历史，充分再现了一个家族的兴衰成败、生活追求和价值观念。宗祠建筑的选址布局、建造结构、通风排水设施、功能区划分等，配以族谱、堂号、堂联、壁画、雕塑等，就像一个简洁生动的博物馆，将散落于不同区域却始终维系着同一个家族的不同年代的族人们的沧桑、沉浮、光辉、荣耀等全面展示给了后人。从这一层面上可以这么认为，宗祠文化是建筑艺术、技巧在宏观形态的展览和文化思想在微观形态的展示。

（2）**挖掘宗祠旅游功能**

自改革开放以来，随着我国旅游业的迅速发展和旅游业界文化素质的日益提高，广大人民群众对旅游的需求也日益增长。引导旅游开发的触角伸向宗祠这一特殊的历史文化遗存，对于引导村民回流到乡村、促进乡村经济发展等具有重要作用，同时也使宗祠中具有很高的审美、文化、历史、艺术、科考价值的建筑园林、诗词书法、楹联匾额、雕刻雕塑、庙会民俗等成为旅游业发展中一类十分重要的吸引物。通过宗祠载体，借助于名人文化、耕读文化、生态文化等形态，推介当地的自然风光、人文风俗、思想舆论、价值追求、地情民俗、特色物产等文化社会情况，丰富旅游资源，增加旅游收入。

（3）对不同宗祠进行艺术化包装

外观上使用不同的图腾和符号，增加辨识度；将宗祠精神上的观念转化为具象图像，借助当地文化的影响力，打造古祠品牌；依托地理优势，融入文化经济圈，使之成为文化旅游的重要一脉；与其他文化基地合作，形成多中心经济区；构建一体化产业，规划完整旅游路线图；定位好自己的旅游经济方向，通过融入更大的文化经济圈，扩大自身影响力，以更大的广告效应吸引游客。

（4）创办宗祠文化节

乡村还可以借助宗祠文化，与其他宗祠旅游基地交流合作，创办相关文化节。目前，我国对于宗祠文化的研究还有很大的潜力，可以在此方面为学者提供学习交流平台，为学术研究提供便利的同时也是开发旅游形式的一个重要举措。再者，宗祠在社会教化、历史教学等方面都具有实践教育的作用，因此可以将宗祠打造成教育基地，通过对传统文化、历史文化、儒家文化、当地文化等主题开展各式各样的主题日，吸引学校、企事业单位和私人企业到此学习，增加当地文化底蕴的同时，为文化旅游提供更多样、更具有竞争优势的品牌效应。

宗祠随着时代的发展，不应仅仅发挥其祭祀、宗族尊严权力的象征作用，其价值还应体现在为乡村及城市居民提供文化生活的重要场所，加强"家"的凝聚力的同时带来一定的经济效益。

2.保护非物质文化遗产

非物质文化遗产是各族人民世代相承、与群众生活密切相关的各种传统文化表现形式和文化空间，是中华民族智慧与文明的结晶，是联结民族情感的纽带和维系国家统一的基础。文化遗产是某些民族的文化符号，承载着群体价值，具有凝聚作用。保护好村民的手艺、非物质文化遗产对于唤起家族自豪感与认同感具有重要作用，同时，保护和宣传非物质遗产、防止文化流失，对于创造经济价值也有一定意义。

当前，一些村落的非遗文化只是停留在静态的保护状态，而非物质文化是一种民间"活态"文化，需要与人们的日常生活有机结合，需要渗透到民众的生产生活中才能得到原生态、原真性的展示，需要在一个特定的空间里向观众演示，才能体现和展示出原汁原味的民间艺术风情与风貌。因此，我们可用物化的形象对非物质文化进行集中复活展示和再现。例如，新建非遗活态文化馆，将瓯窑青瓷工艺、木雕、石雕、蜡雕等传统工艺与中国耳熟能详的茶文化、酒文化等结合，形成一个主体特色性强、富有创造性的非遗活态展示文化小镇；在民间传统节假日这样特殊的时间里，举办集会或者民俗节庆活动，使民间传统节日重新回归生活本身、重新渗透到民众生活中去。

（1）新媒体引流，开展体验式活动

前期利用唯美的短视频进行宣传，发布体验信息；利用转发集赞等方式设置优惠活动，吸引人流；开展体验式活动，开设手艺课堂，手工体验（首饰制作、花叙时光压花书签体验、古籍善本修复、小桥流水旁的刺绣慢生活）、美食制作体验。

（2）实景舞台剧展示

近年来颇为流行的"实景舞台剧"，以天然的或真实场景作为舞台，通过音乐、舞蹈、服饰、舞台灯饰等将目的地的民俗文化、历史文化、民间传说等非物质文化遗产进行全方位的展示。通过声电光等多种现代科技手段增强对游客的感官刺激，并设计一些互动性和参与性较强的活动，使游客参与其中。例如，旅游者可以在非物质文化遗产师傅的指导下亲自进行手工艺品的制作，制作好的成品可以买走。一个简单的活动调动了旅游者参与的积极性，而且强化了旅游者的体验和记忆。

（3）社区参与

非物质文化遗产是存在于生活过程中的，是不脱离生活的"生活文化"。只有在其依赖的生存环境中，才能触摸到非物质文化遗产，体验其本身所散发的魅力。因此，非物质文化遗产必须依靠传承主体（社区居民）的实际参与，让社区居民身体力行的向游客展示他们真实的生活状态，由他们向旅游者讲解其发展历程和文化内涵，才能保证非物质文化遗产最本质的文化因素，才能让旅游者感受真实的体验氛围，才能让旅游者真切地体验到非物质文化遗产的魅力所在。

（4）非遗文创产品

精心设计非物质文化遗产类旅游纪念品，延续旅游体验。当旅游活动结束以后，精美的旅游纪念品可以让旅游者重温美好的旅游回忆，延长旅游体验。旅游纪念品的设计应围绕当地非物质文化遗产的本土文化内涵、民族符号，开发出具有地方特色和文化底蕴的旅游纪念品。尽量避免机械化大生产，传统工艺生产的非物质文化类旅游纪念品质朴的原始美会给旅游者返璞归真的体验。但传统工艺并不意味着粗制滥造，一定要严把质量关口，只有制作精美的旅游纪念品才有收藏价值和欣赏价值，才能延续旅游者的旅游体验。

3.传统建筑

古村落建筑是村民乡村家园记忆中重要的具象符号之一。由于各地区的自然环境和人文情况不同，各地建筑面貌也具有多样性与独特性。乡村传统建筑是乡村特有的文化符号，潜移默化地影响着人们对家乡的归属感与认同感。乡村传统建筑所蕴含的丰富的文化特质，在很大程度上是通过建筑装饰语言来加以表述的。多数古村落建筑装饰形态多样，内容丰富，工艺精湛，华美而又不失质朴、典雅，它们融进了民族的宗法观念、社会风俗、思想情感、审美意识等，具有很深厚的民间文化内涵。

保护并进一步挖掘村落传统建筑中的文化奥秘，将其转化成具有美学价值的符号、文艺名字的气味、搭配和谐的颜色以及生动而富有趣味的故事，对于唤起人们对乡村家园的认同感具有重要意义。

第一，将古村落建筑装饰中的图腾加以艺术化处理并赋予吉祥、美好、喜庆寓意，来表达村民对神灵的敬畏及寄托的美好生活愿望。将古村落中的文化符号与神话故事结合，如驱邪禳灾的有"二龙戏珠""福、禄、寿三星"等，祈福纳吉的则有"龙凤呈祥""八仙庆寿""喜鹊登梅""三星高照"等，用这些祥瑞的文化符号与神话故事结合，容易唤起人们的兴趣，还可以将其制成文创衍生品，如胸章、本子、围巾、模型等。

第二，为村落制作专属气味瓶，加深人们对该村的记忆。

第三，进行景观整修，营造拍摄基地（摄影师带你游××，用镜头记录你的一天），利用文艺风的文案（在拍摄圣地鸳鸯楼拾取时光碎片）吸引明星、网红、淘宝店主等，一方面创造拍摄基地收入，另一方面也是对村落的宣传。

第四，开展体育性质的游戏活动（谜题探险、迷宫游戏或者知识越野），用另一种方式引导人们了解村落，吸引城市工作人员到此团建。

第五，面向社会开展民宅设计大赛，最终胜出的方案可帮其实现，既扩大了宣传又免费获得了方案。

第六，招商引资，开设民宿。利用外部资金修建及维护民宿，不仅可以为当地解决就业问题，也为经济的发展打下了良好的基础。

4.家谱

中国家谱文化源远流长，博大精深。"慎终追远，民德归厚矣。"最根本的是讲求慎终追远，饮水思源，不忘血脉传承，不忘祖宗先人。寻根问祖，是中国的文化传统，中国人自古重视家的根系源流。家谱，延续着家族的血脉，更传承着祖上的遗训和期望。家谱承载着伦理规范，塑造着人格精神，维系着社会秩序，是一个家族得以延续的唯一存在证明。家谱文化使人有一种生生相息的寻根意识，使家族有着强大的生命力和凝聚力，对于家庭团结幸福、家族及社会的和睦和谐具有重要作用。

增强家谱文化的故事性与宣传力度，进行精美的外包装设计，让制定家谱更具仪式感，使之成为村民的精神寄托和寻根依据。

5.地方饮食特色

食物是一种种群特征。地方特色美食不仅满足人们的味蕾，其背后也蕴含强大的人文力量和对共同价值的强烈认同。家乡的美食，更多的是一种社会约束，一种共同的语言，一条生活的纽带。它的"奥秘和力量在于它的普遍性。它的意义如此单纯和普遍，以至于我们觉得它与我们共生，它是我们的一部分，我们还知道，它是已被接纳的一员，是一份固定遗产"。食物在我们的日常生活中扮演着一个既神圣又世俗的角色，成为我们生命中、生活里必不可少的仪式。对家乡美食的记忆与回味会伴随人们一生，是一种割舍不掉的家的情怀。

将地方特色饮食的典故或制作方法制作成小视频，在网络社交平台加以宣传推广，赋予美食以精美的包装，唤起村民对地方美食的自豪感，以美食唤起"认同的力量"。

（四）弘扬"家文化"的非物质途径

1.弘扬优秀的民俗、风俗

民俗渗透在乡村生活的方方面面，因地而异的民俗文化包括生产劳动民俗、日常生活民俗、社会组织民俗、岁时节日民俗。既有有形的，也有口传的甚至观念性的；既存在于婚丧嫁娶或其他重要的事务中，也可能显现于娱乐游戏或生活小细节里。他们是维系乡村人民生活的纽带，因地缘产生同样的风俗习惯，又因同样的风俗习惯而紧紧凝聚在一起。在各个事件发生时，都会按照本村的民俗来进行，这不仅让远行的游子归乡团聚，也会加深人与人之间的情感，同时增强仪式感，唤起人们内心的温情，增强对"家乡"的认同感与归属感。外乡人对其他民族的文化产生好奇，直接推动当地旅游业的发展，促进民族文化的互动与交流。如贵州长桌宴；傣族的嫁娶习俗；在山西丁村，给老人祝寿的时候，要把碗里最长的面条送给老人，祈求老人健康长寿，这已成为寿宴中最关键的仪式。

（1）**鼓励民俗主题的文艺创作**

民俗文化是民众数千年来智慧的结晶，跨越历史融入现代生活中。鼓励文艺工作者从民俗文化资源宝库中寻找素材、发现灵感，以民俗文化为蓝本，创作出反映农民生产生活尤其是乡村振兴实践的优秀文艺作品，充分展示新时代农村农民的精神面貌。要加强政策支持，对文艺创作成果给予扶持，对特别优秀的成果给予奖励；要推动优秀民俗文化的挖掘工作，如戏曲剧目的整理、数字化；利用新媒体，推动网络文学、微电影、动画、微信公众号等媒介传承发展民俗文化；文艺工作者要重视传承保护民俗文化，在创作过程中充分汲取民俗文化的养分，深入挖掘民俗文化价值，精选出标志性的民俗符号，创造性转化、创新性发展，不断赋予时代新内涵，形成既"上档次"又"接地气"的作品。

（2）**培养民俗文化专业性人才**

要实现对民俗文化的保护与合理利用，必须重视民俗文化专业性人才的培养，特别是民俗文化研究和传承两类人才的培养。民俗文化研究专家可以从理论上进行全面分析，挖掘民俗文化的深层次内涵，形成具有指导性、可操作性的研究成果，为民俗文化的保护和利用提升理论支持。民俗文化学者既能够为国家有关部门提供政策咨询，为相关政策法规和工作方案的施行出谋划策，还能为地方文化工作者进行业务培训，提升基层工作人员的工作能力。这就需要高等院校、研究机构在招生过程中，专门设置民俗文化保护的相关专业，加强硕士、博士这些高学历人才的培养。民俗文化的保护，关键在于培养大量的专业传承人员，如文化能人、非遗传承人等。对于以家庭传承和师徒传承为主要传承方式的传统民俗，在失去了经济利益的推动后，就很难找到合适的传承人，甚至逐渐消亡。要改变这一现状，一方面需要加大对传承人的支持力度，除了为他们提供生活补贴，更应提升传承人的社会地位，提供更多的传承和发展机会；另一方面，把民俗文化传承与学校教育相结合也是一种新的尝试，在课程设置中，可增加一些民俗文化内容，如节日民俗体验课、民歌小戏学习课等，还可开设一些青少年民俗兴趣班、传承人培训班，为新生代接触民俗文化创造更多的机会。此外，要培育挖掘乡土文化本土人才，引导社会各界人士投身乡村文化建设，活跃繁荣农村文化市场，丰富农村文化业态。

（3）发展民俗文化产业体系

民俗文化在传统和现代化的夹缝里不断变迁，在外来文化和价值观的冲击下生存空间越来越小，产业化之路成为民俗文化保护与利用的新选择之一。民俗文化能够被市场所选择，是因为其能够满足人们的精神文化需要。民俗文化产业化也是乡村振兴战略中的重要一环。民俗文化产业的开发，主要有两种模式。一种是民俗旅游，其中又可分为民俗博物馆，即建设固定场所，以影像、实物、雕塑等形式展示民俗文化；而民俗文化村，即以传统村落建筑为主体，用民间歌舞、戏曲庙会等形式的民俗活动作为亮点，吸引游客前来观赏，同时还可以参与其中，是一种综合体验式的旅游模式。另一种模式是民俗特色产业。手工制造技艺是民众宝贵生活生产经验的历史传承结果，既代表地方文化特色，又蕴含民众的智慧。剪纸、雕刻、布艺等传统技艺，具有极强的观赏价值，一方面可以制作成工艺品、旅游纪念品进行展示、销售，另一方面可以吸引游客参与制作。要实现民俗文化的产业化，必须强化民俗资源优势地位，制定传统村落民俗文化创造性转化与发展方案，建立完善的跨区域民俗文化保护体系机制。建设民俗文化产业园、工艺品制造基地，引入现代化管理手段，打造地方民俗文化产业品牌，使民俗文化产业逐渐规范化、规模化。

2.制定家风、家训、家规

家风、家训、家规是一种中国人心底里"家魂"般的存在。它自始至终有着强大的向心力，将人们牢牢地绑定在"家"这个体系下。制定家风、家训、家规有助于牢固树立爱国思想。家风与家训里，很早之前就确定了家与国的关系。我们将家国文化这个优秀文化内容代代传承下去，对于维护和捍卫国家尊严有着非常重要的作用。其次，有效净化社会风气，形成道德约束。再次，有力地推进文化建设。家风与家训，可以伴随一个家族延承千年之久，本身就是一种极其宝贵的文化财富。对当前的家族建设、国家建设都有着极大或者相当大的参考意义，对于新时期的社会主义文明建设也有着极大的促进作用。最后，良好的家风、家训、家规有利于促进社会和谐。

中国的家庭文化源远流长。《周易》中的《家人》《渐》《蛊》《节》等卦，便是最早讲家庭问题的。关于我国家庭教育的著作与读本，自古也多不胜数。北齐时期的《颜氏家训》是我国现存最古老的家训，颜之推从各个方面详细阐述了家庭教育的原则和方式，涉及封建家庭教育的方方面面，诸如尊老爱幼、为人正直、勤俭朴素、刻苦学习等内容；此后有唐代无名氏的《太公家教》、南宋司马光的《家范》、宋代袁采《袁氏世范》等。概括来说，传统的家庭文化主要表现在"忠、孝、仁、义、信"几方面。在继承优良的传统价值观的基础上，制定本族的家风、家训、家规尤为必要。

3.增强民间传统节日认同感

传统节日以情为纽带显示了团结的力量，它展示了浓浓的乡情、亲情或爱情。民间传统节日具有种群认同功能，同时还具有社群整合与社会交际功能，使人们能有序相处、协同劳作，营造出和谐安详的社群气氛。在无形中强化人们的辈分、长幼观念，使家族、家庭成员相处有序，往来有仪。另外，民间的传统节日还具有一定的文化教育与道德教化的功能。如加强民间传统节日认同感，增加节日符号的艺术性与文化价值，剔除糟粕旧习，重振民间传统节日的仪式感，促进村民间良性社交，促进社会和谐有序发展的同时，促进旅游开发和经济发展。因此，民间传统节日对"家文化"的传承与发展具有重要的作用。

"家文化"振兴乡村是物质因素和非物质因素的统一体，充分挖掘和传承具有当地特色的乡村"家文化"，唤起村民对村落历史文化的追溯和思考，增强村民对农村和家庭以及家族的归属感和认同感，形成和延续具有"人情味"的乡村环境，为构建和谐社会贡献力量。

三、艺术市集

乡村的失落不仅是人口的流失、农耕的消失，更是文化的缺失。近年来，国家提倡精准扶贫，落后的乡村面貌得到一定的改善。但是，经济上的扶持帮助并没有改善乡村精神内核的贫——文化缺乏、意识匮乏和审美贫乏。记忆里，属于乡村的特质只剩下残垣。但拿来式的文化绝不是乡村所需要的，扎根乡村土地，让现代文化发展的养料与之有机结合，培育属于具有地域特色的文明才是振兴乡村的必由之路。

而艺术则是最能联结乡土和文化的媒介，艺术的根源在乡土，艺术的造型、原创能力不仅可以帮助改造民居、提升乡村的风貌，还能极大地丰富乡村文化生活。在乡村振兴上升为国家战略，乡村传统文化出现断层的时代背景下，艺术扎根乡村实现乡村文化重构是乡村振兴的有效途径之一。最重要的是艺术没有门槛，通过合理引导，任何热爱生活之人都能成为艺术家，这可以极大程度上改善乡村居民的文化素养，塑造文明乡风。

（一）乡村艺术市集的文化原型

1.传统集市文化

市，即市场、集市之称。它指的是商品交换的场所，由此衍生出"市井""市肆""市廛"等称谓。传统集市的存在与发展由来已久。商周时期，正式的市场已经存在，并设置专门的管理机构；春秋时期，国家经济带动了集市的发展；战国至先秦时期，许多著名的大都市已形成；汉代继承秦朝制度，市得以继续发展；明代蒋一葵《长安客话·狄刘祠》提到："京师货物咸趋贸易，以席为店，界成集市，四昼夜而罢；俗呼狄梁大会。"对唐代集市的风貌、逢市的时间进行了描绘；《周易》中则对传统集市的规模和赶集的习俗如是说："日中为市,致天下之民,聚天下之货,交易而退,各得其所"。集市的形式很多,名称也不一。《五杂俎说》:"岭南之市谓之虚,言满时少,虚时多也。西蜀谓之亥。亥者,阂也。阂者,疟也,言间日一作也。"可见,集市有着几千年的悠久历史,且在中国古代的日常生活扮演不可取代的角色,具有很强的包容性和历史传承性。

古代的集市文化在时间、空间维度上都具有一定的规律性和符号,因其合理性而延续至今。由于集市发展的地区差异,集市的类型既存在统一性又具有多样性。集市分类有多种形式,按照集市的间隔时间,可以分为不定期集市、定期集市、常日市三种。按照集市的性质,则可分为特种集市和专业集市两种,其中特种集市包括庙会和集会。

2.传统乡村集市特征

乡村集市是指依据自然地域形式和沟通方便的原则形成的、用以满足农民家庭正常贸易需求而在特定的时间和地点开放的物品交换场所。施坚雅将其称为"基层集镇"。

乡村集市一般为定期,规模较小,主要进行商品交换,为买而卖的经营模式,交易的品种主要是农副产品、当地手工业品、土特产等。由于地域文化的不同,不同地区集市形成了具有当地特色的文化景观。集市上处处体现出当地人民的生活习俗,如吆喝声、摊位设置以及遮阴、防雨工具等。以山东省威海市毕家疃村集市为例:集市以农历的四、九为逢集日期,即五日一集;集市上的水果以当地盛产的苹果、梨、柿子、无花果以及相应的加工产品为主;集市随处可见鱼、虾、海带等海产品以及各类海产品制成品;商贩以当地人为主,操着浓厚的胶东口音叫卖。由于威海为沿海城市,夏季高温多雨,紫外线较强,因此在夏天随处可见戴一种全遮挡型防晒帽的当地人,这也成为当地一道具有沿海特色的人文景观。

乡村集市用地的灵活性较强,在不开市时间自行解散,不影响村镇村民生活,在开市时,四周商贩聚集在一个固定的村镇,形成商业街,为附近村民提供日常生活必需品,大大提高了土地的利用率。由于乡间集市活动,促进了单个家庭、散落村落的联系,从而形成了以集市为中心的活动集体。如今,集市也是乡村居民日常生活中定期聚集进行产品交换和交易的市场,是乡村风貌中极具标志性的一隅。

与此同时,传统乡村集市还在乡村社会构架中具有举足轻重的地位。无论何时何地,不可否认的是,只要有集市的地方,集市中的人都极为有力的营造着这个集市场所中的精神。不同地方的集市因其参与到集市中的人的习气不同而具有形色各异的集市氛围,这是集市场所区别于场地的部分。所以乡村集市从产生之初,承载的就不仅仅是单纯的商品交换的经济功能,它还联系着参与其中的人们的物质需求和精神追求,是"民间传统文化活动汇聚集中的场所,或某种民间文化表达方式有规律性地进行的地方",也就是集中反映乡村居民生活、社会交往及精神面貌的文化空间。乡村集市所具有的"民俗文化空间性",一方面有其经济、政治功能;另一方面也承载着展演乡村民俗、映射地区文化传统的文化功能(图2-7、图2-8)。

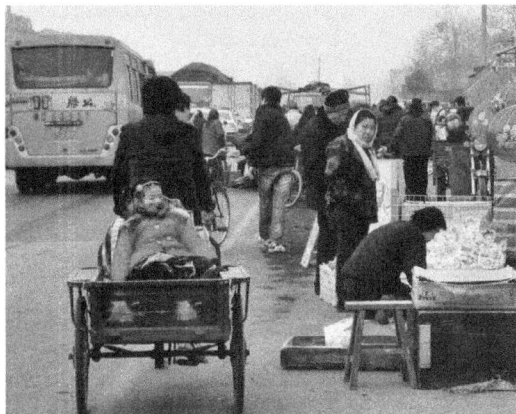

图 2-7　山东滕州市周边乡镇市集（一）
（王艺璇　拍摄）

图 2-8　山东滕州市周边乡镇市集（二）
（王艺璇　拍摄）

（二）乡村"艺术市集"的相关研究与特征

1.国内外研究现状

创意市集（Fashion Market），是指于特定空间内以公开展示的方式售卖原创手工制品和文创产品的集体文化艺术类活动。它的主要特点是参与门槛相对较低，更像是一个平民艺术舞台，作品的形式更加多样，受众面更广。它脱胎于跳蚤市场（Flea Market）、旧货市场等传统市集，在经历了一系列演变后形成了今天的创意市集，如著名的英国伦敦 Spitalfield Market、法国巴黎的 Montreuil 市集，前身原本就是有数百年历史，以销售自制农畜业产品、手工制品为主的传统市集。创意市集以城市为据点，依附于具体城市。在欧洲许多城市，创意集市与城市紧密联结在一起，是街头艺术文化的重要承载体，也是许多草根艺术家与设计师创立自主原创品牌的最初原点。创意市集是对文创产品展览、交易、交流类型活动的统称。"创意市集"的概念出现在中国，源于 2005 年台湾女设计师王怡颖，她在其编著的《创意市集》一书中，把伦敦设计师将自己的创意作品放到市集上售卖的形式称作"创意市集"。

在创意市集上，才华横溢的原创艺术家或是富有创新精神的年轻人，通过亲手设计的产品与消费者面对面沟通、交流乃至直接交易，使创造力快速转化成经济价值，不仅实现了"人人可以成为设计者和创作人"，而且使创意集市成为城市新锐、时尚文化的发源地。创意市集以 突出产品的个性化、原创性和独特性为特点，摒弃批量化、标准化、规格化的生产模式，体现了文化创意经济的基本理念。

艺术市集则是将创意市集进一步细分出来的市集门类，即以艺术家、艺术工作室、艺术爱好者、艺术院校及其他院校艺术相关专业学生为出售主体，以艺术品、艺术衍生品、艺术性较强的文创产品为主要交易产品的创意市集。艺术市集作为创意市集中的细分领域，往往依附于特殊的艺术空间或艺术性时间节点，前者如艺术类院校、艺术创业园、城市艺术区等，后者则有大型艺术展览、艺术节等。由于出现时间尚短，交易量较小，尚未有非常针对性的研究，关于乡村艺术市集的研究更是少之又少。关于这一课题，不同国家研究有不同侧重：欧洲许多城市都配备有历史悠久的艺术市集，他们研究更侧重历史文化层面，思考旧市集的再生与更新；美国则把艺术市集被放在大城市的设计规划视野中去研究，几乎没有关于乡村艺术市集的针对性研究；日本等亚洲的艺术市集，则更多侧重于艺术市集的地方性，思考如何用市集的形式推广地方产品。

在我国，集市在农村经济中具有十分重要的地位。对其可能的走向，主流观点认为随着城市化和交通现代化的改善，定期集市会逐渐消亡，或遵循集市—集镇—城镇—城市的演化路线，或转化为现代贸易中心。中国农村问题唯有在高度城镇化、农村劳动人口转移后，才有望解决。

国内对艺术创意类市集的研究自王怡颖的《创意市集》始，主要集中在两方面：一是对艺术市集发展现状分析，并从组织形式和运作模式提供优化意见。在这一部分的研究当中，研究者通常是站在市集管理者甚至城市管理者的角度，最终目标是让创意市集发挥更好的经济提升和产业整合孵化作用；二是从教育者角度出发，讨论如何将艺术市集作为一种新的实践手段，在艺术设计和商业学科的教学中加以运用，这一方向的研究者站在学校管理者和学科建设的实践者角度，试图提出一种与市场接轨的教学方式。

2.乡村"艺术市集"的特征

乡村艺术市集中包含了以下几个方面的特征与意义：首先，从经济学的角度来看，乡村艺术市集中除了传统农产品的交易活动，还发生着大量创意、艺术产品的交易活动，是市集这一旧有的商业模式在新时代的演变。其次，从社会学和管理学的角度看，乡村艺术市集活动的发生又与传统市集不同，并非以盈利为唯一目的，活动进行过程中包含了创作、表演、聚会、爱好交流的性质。其组织架构也较为松散，在市集举办期间由主办者出头组织，其他时间各个摊主则各行其是。最后，由于乡村艺术市集与传统市集有区别，并非仅仅供给人们日常所需的消耗品，因此在国内，极少有乡村艺术市集是长期举办的，而是通常临时性地占用公共空间，或者在特定的日期与校园、创意园等合作举办，未形成完整的体系。综上，乡村艺术市集未发展起来的原因主要有三点：

第一，艺术市集是艺术、商业、制造业三者高度集成的产物，尤其对地方产业艺术与商业融合程度要求较高。我国以艺术类院校为代表的艺术界向商业、制造业跨界仍处于初步尝试摸索阶段，乡村艺术市集更是产业条件上先天不足、资源有限。

第二，艺术类产品通常具有难以复制、产能有限、单价较高的特点，在大部分地区无法稳定提供经济收益。

第三，艺术类产品交易通常有固定的受众和圈子。以陶艺为例，目前大部分小型陶艺工作室的运作模式为客户订单或艺术家定期发布新作品在熟客圈内流传，市集仅做宣传展览之用，乡村市集难以长期稳定的持续下去，艺术家工作室对市集的依赖性较低，且根据各地受众的审美倾向不同，难以在其他地区照搬复制。

（三）乡村"艺术市集"生成路径

1.构建乡村"艺术社区"

（1）组建乡村艺术委员会

社区成员作为乡村艺术社区最重要的构成要素，担任构建者与使用者的角色。首先，通过组织村内委员会制定一系列的成员筛选制度，召集村内有艺术审美、修养的村民与外部驻地艺术家联合担任委员会成员，确保艺术委员会成员有一定的艺术与文化修养，并有能力推行、组织一系列的委员会活动。定期进行艺术作品的评定、艺术相关领域的交流、艺术市集的组织与维护等工作。

（2）形成良好的"艺术社区"环境

构建良好"艺术社区"环境一方面指构建契合自然与理想的乡村环境，以自然为基底、以生态为准则；另一方面指的是构建良好的艺术氛围，吸引艺术家驻地交流、艺术学院学生写生。在上述所说的乡村委员会建立完成后，首先通过委员会成员之家的纽带增加艺术家驻地交流的黏性。其次，不断完善艺术链条，例如定期开设村民艺术工作坊、文化课程、艺术产品展销会、创意农产品博物馆和画廊等活动。艺术活动由社区委员会组织审核并统筹承办，为乡村吸引源源不断的艺术家与游客。乡村艺术活动参与者的增多，则会进一步刺激其更新发展。

（3）发展"艺术社区"力量

发展"艺术社区"力量首先指的是将艺术社区与生态村落结合，艺术社区的活动要基于自然地形，要保护自然栖息地，维护地形地貌。同时，以艺术社区活动促进传统乡村的空间的优化，村民之间通过自主参与合理改造局部公共空间。其次是将艺术社区与艺术市集的推进紧密结合，艺术委员会及其村民以社区为单位，竞选艺术市集活动的组织与承办权，通过每个社区成员的高度参与、成员活动等凝聚人心，构建起强大的社区精神，既可以保证艺术市集的多样化与活力，又可以确保村民的积极性与参与性。

2.拓展乡村市集的艺术资源

（1）多路径推动艺术下乡

无论是集市还是艺术，都需要一定的人才资源与文化的推进，因此，要多种路径全面推进文化艺术下乡。发挥各级政府、文艺团体、艺术机构、高等院校的资源和人才优势，与乡村艺术委员会相互合作，根据不同地区文化进行推进，改变乡村内生动力；同时利用集市艺术展览、集市艺术舞台、集市艺术品拍卖等多种方式增加集市与艺术的黏性。艺术市集的形式可以是项目合作、配合乡村文化活动、定点长期对接等。

（2）传统手工艺与艺术品的结合

艺术市集的主要展现方式之一便是当地手工与艺术的进一步创新结合，通过市集定点推进，打造精品，实现乡村文化品牌的内涵提升。根据乡村实际，深入调研，从农村的需求出发，跟农民对接、融合；通过当地村民与艺术家合作的形式参与市集创意作品的评比，从农村的文创资源出发，激发乡村主体的文化意识和动力，开发文创产品；通过乡村艺术市集的平台与媒介，推动产业升级；驻地艺术家主动挖掘、创作富有地域和本土特色的艺术品，为乡村文化品牌打造增添亮点；对传统手工艺进行挖掘、梳理、植入，形成完整的传承与发展的特色文化。

3.发挥乡村"艺术市集"的幸福感

（1）建立社区或小组认同感

传统乡村市集的店铺经营通常都是"家族化"的，这也得益于他们传统的住宅地和经营场所统一的结构。街边店铺的规模都很小，称其为家族化，主要是因为店铺的生意需要把全家都调动起来，在经营中，女人通常负责记账，整理货物，讨价还价；男人通常负责拉生意、送货、进货等；家中的小辈负责店铺中的一些杂事，在父母较忙时，还必须负责看守店铺。在赶集期，就算是儿童也必须要参与到家庭生意的经营，这便形成了一定的归属感和对"家族事业"的认同感。

而乡村艺术市集中，首先通过艺术委员会定期开展的艺术培养、展览等活动，建立社区村民对艺术的"熟悉程度"；其次通过与艺术家的交流学习，建立对艺术作品的"认同度"与"熟悉程度"；最后通过艺术市集的销售贩卖、交换，对自我作品的认可，实现对艺术市集与社区的认同感与归属感，此过程需要循序渐进、长期熏陶，最终达到村民把艺术市集当成"自家事"，收获认同与幸福感。

（2）建立艺术市集中的人际关系与售后服务

传统乡村市集中，有一家较为典型的店铺，他们虽然没有较好的地理位置，但却一直生意兴隆。其很大原因归功于熟人经济，市集中的熟人经济是在农村固有的熟人关系体制下呈现出来的。市集中的熟人经济给顾客带来的不只是实惠，也有放心。

市集和城市完整的商业生态链和商业模式不同，农村的商品经营是很难有完善的售后服务的。尤其是市集的流动摊点，由于其明显的不稳定性，其货品交易几乎都是一次性交易（付完钱以后，商品和商品服务的交易便停止），若是购买的商品在使用过程中出现了质量问题，由于难以寻找到流动摊点的经营者，所以这样的责任也就难以追究了，这大概也是长久以来，农村居民对维权没有信心的重要原因。因此，市集中的熟人经济在一定程度上补充了这种交易形式的不足。

在建立乡村艺术市集的幸福感时，我们首先要注意艺术市集的新型人际关系的建立，这种人际关系并非完全的"熟人经济"，这其中掺杂着村民与村民、村民与艺术家、村民与学生等多样关系，以社区为单位进行监督与道德约束，可以在一定程度上避免矛盾的产生；其次，艺术市集的售后服务，应由社区与村民个人共同承担，在"人情"联结的同时辅以制度的约束，促进村民与外来人群的良好交流，建立一定的赏罚机制，使村民自发的把艺术市集当作自家事业去经营，取得经济收益的同时获得一定的艺术熏陶。

20世纪以来是乡村城镇化最快的18年，这18年里城市版图扩张，二三线城市中的乡村快速地与城市接轨并被城镇所取代。同时，乡村农耕收入低，青壮年离开乡村进城务工，乡村的传统文化成为空巢老人口口相传的无字书，而90后虽接受现代化教育逐渐成长起来，但又与传统乡村文化接触较少，使得乡村文化出现断层和遗落。目前，乡村经济逐步回暖，返乡热也在逐步出现，但乡村建设的文化参与度低已经成为振兴乡村的痛点。乡村传统文化日渐式微，乡村的传统习俗、民俗文化、传统手工艺艺术等文化资源亟待被发现、利用和传承，亟待被转化为文化产业和文化资本优势，乡村文化艺术活动缺乏参与性、体验性和代入感等问题也亟待解决。如何通过乡村人自己的文化优势实现经济、风貌的复兴和长效发展，成为当今振兴乡村战略的重要课题。

而艺术与乡村、土地自古以来就有着天然的联系，艺术参与乡村振兴的文化实践能够深化艺术工作者对乡村文化个性的深度挖掘和探究，活化对农耕文明的文化原型和历史记忆的追溯和认知。让文化艺术从乡土中走来又走进青山绿水中去，这是当代艺术思维和审美意识助力乡村传统文化再生，实现乡村振兴的一种新的思路和实践。乡村匠人和艺术市集中的创客甚至游客、消费者之间通过艺术市集所搭建的社群平台进行跨界的交流和互通，使不同创作主体所创作的艺术作品在设计、制作、消费、传播的过程中实现价值循环累积效应，这也是设计下乡政策所提倡的精神所在。由此可见，乡村文化建设才能够焕发新的活力。这样的文化累积效应帮助乡村实现人才、文化、产业、资本的自我循环和传统文化价值的重构，带动乡村人、乡村产业的复兴，实现乡村产业兴旺、乡风文明和生活富裕。

四、区域品牌

（一）乡村品牌建设的意义与作用

乡村是地域综合体，不仅具有自然、社会、经济等区域特征，同时兼具了生产、生活、生态、文化等更深入的多重功能，乡村与城镇可以建立共生共存、互促互进的关系，互相融洽结合后共同构成了人类社会活动的主要空间。而作为农业生态体系的重要供给者，两者相互依赖，乡村是生态涵养呈现的主体区，而生态也成为乡村最大的发展优势。乡村品牌的建设主体可以是地理标识、行政地域、旅游目的地，也可以是县域、乡域或村域的统称，无论什么范畴和多大的区域，发展每个乡村的特色，"各美其美、美美与共"是乡村品牌的核心命题。2013年12月的中央城镇化工作会议为未来城镇发展描绘蓝图时曾提出，"不是每个城镇都要长成巨人"。在当前乡村振兴战略推进中，党和政府也曾多次强调从城乡分隔到城乡统筹、从城乡统筹到城乡融合的战略方向。所以，应使"每一个乡村"的叙述语境，变成"这一个乡村"的现实存在，与此同时，再利用有效的营销战略，使每一个地区或乡村与其他地区特色区分开来，使其拥有与自身特色相匹配的优势及发展方向，是新型乡村发展的核心战略和核心能力。

立足区域经济发展，乡村品牌建设是区域营销的重要举措。统筹实施的乡村品牌战略，可以有的放矢地融合三产资源；通过有效的营销手段，在一定的领域和空间形成区域知名度和美誉度，进一步提升综合影响力；同时，使乡村与消费者之间建立起一种可持续的信任关系和联系纽带，实现深度的城乡互动，既满足消费者对于特色乡村的情感需求，又统筹发展区域经济质量，使区域经济走上持续快速的发展之路。这是各级地方政府塑造区域竞争力、获得市场优势的共同经验，也是有效推进区域产业升级、融入城乡一体化的总体需求。

从微观角度来看，区域品牌营销也可以成为助推乡村经济转型的重要手段。通常的做法，首先是通过塑造乡村品牌推动特色建设、三产融合，以统一的品牌形象、品牌定位、品牌内涵等识别要素对外亮相；进而确立产业集群、优质项目、优选典型等营销方略，串联、整合优秀优质的区域产业，以优质项目带动普通项目，实现区域片区整体成长，取得阶段性成果；随后将各自的营销、传播、推广活动形成"区域记忆碎片"，有意识的完成"品牌拼图"，做到"分工不分家"，相互促进相互配合，完成整体区域的产业升级，实现全面的区域振兴（图2-9）。

我国国土面积大，乡村分布广阔且分散，导致不同地区的乡村自然社会条件差异巨大，因为各自拥有不同的自然地理条件及历史条件，从而使每个乡村形成了自己各具特色的资源禀赋。应通过区域营销规划将区域发展资源、定位、品牌要素进行梳理和整合，有效的转变经济增长方式，强化区域核心竞争力。乡村在发展过程中需要这种竞争力，同时也需要进行外在包装宣传。在现今消费者需求越来越细化的大环境下，乡村区域间的竞争必然会越来越激烈，不论怎样，商业化的社会发展进程必然会将乡村区域放置在一个开放且激烈的竞争环境中。不想被市场淘汰，就要像经营商业品牌一样经营乡村，发展自己独特的特性并加以推广壮大，以实现不断提升核心竞争力。

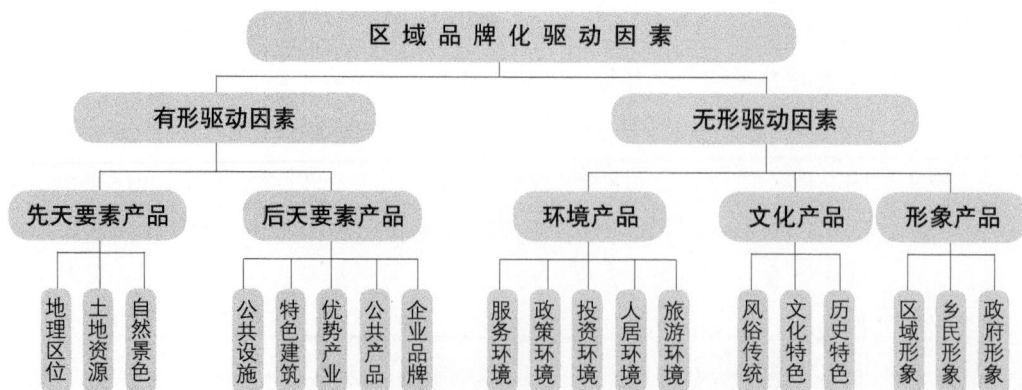

图 2-9　区域品牌化驱动因素

（二）乡村品牌化的理论基础

1.区域品牌化理论基础

著名营销学者麦克·威廉（Mc William）认为："品牌是用以识别和区分的标志。同时品牌是速记符号，是更有效沟通的代码"。美国著名市场营销大师菲利普·科特勒（Philip Kotler）将品牌定义为："一种你赋予公司或产品的独有的、可视的、情感的、理智的和文化的形象"。

总体来说，品牌（Brand）需要表达出属性、利益、价值、文化、个性以及使用者六层意思，可以完美地融合企业与商品的各类特点及要素，再通过设定好的外在形象示人，吸引消费者对某款产品或服务产生认知、好感，进而使用乃至传播。品牌也是给拥有者带来溢价、产生增值的无形资产，它的载体是名称、术语、象征、记号、设计组合等识别要素，增值的源泉来自于消费者心中的信任和认同（图 2-10）。

狭义的区域品牌（Regional Brand，也称区位品牌），通常是指来自同一区域内的某类产品，当这种特产在市场上具有较高的认知度和美誉度，给顾客形成品质纯正、质量上乘的印象，该区域的企业在市场开拓中就可以凭借这种品牌效应，能够迅速获得信任，节约营销费用，迅速打开市场。这类区域品牌如意大利的时装、荷兰的郁金香、日本的数码产品、瑞士的手表，甚至巴西的足球；而在国内，如洛阳和菏泽的牡丹、阳澄湖的大闸蟹、景德镇的瓷器、杭州的龙井茶等也都是知名的区域品牌。

然而，从不同的视角定义区域品牌，意义又有所不同。荷兰学者卡瓦兹（Kavaratzis）根据品牌资产研究者大卫·艾克（David.A.Aaker）消费者视角的品牌理论来定义区域品牌，卡瓦兹认为："区域品牌"是需要将功能、情感、关系和战略四大要素共同作用于公众意

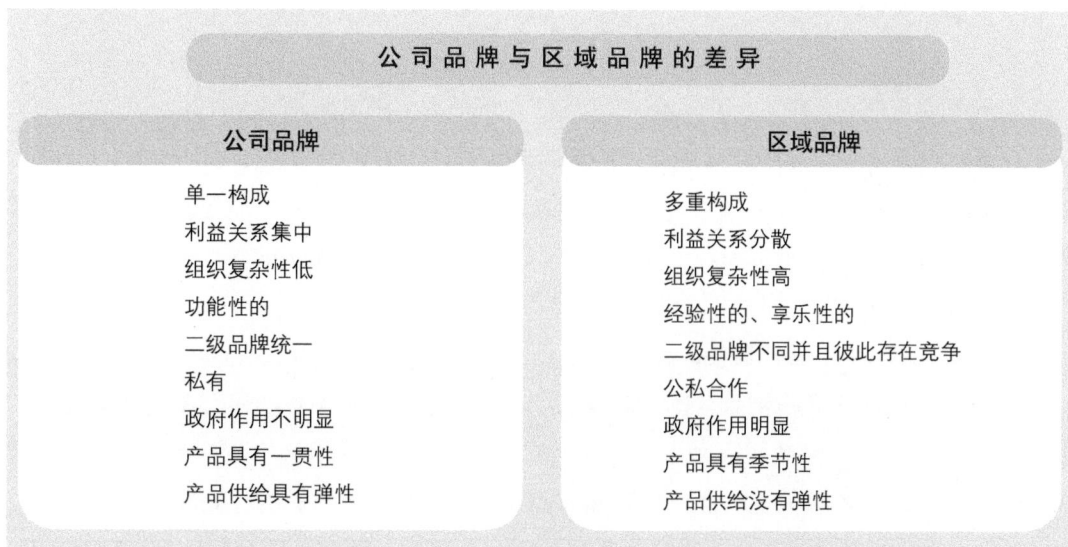

公司品牌与区域品牌的差异	
公司品牌	**区域品牌**
单一构成	多重构成
利益关系集中	利益关系分散
组织复杂性低	组织复杂性高
功能性的	经验性的、享乐性的
二级品牌统一	二级品牌不同并且彼此存在竞争
私有	公私合作
政府作用不明显	政府作用明显
产品具有一贯性	产品具有季节性
产品供给具有弹性	产品供给没有弹性

图 2-10　公司品牌与区域品牌的差异
（资料来源：《国外区域品牌化理论研究进展探析》）

识而形成的一系列独特的多维组合。

很显然，乡村区域品牌首先具备传播属性，是人们辨认和区分乡村的标识，是区域形象的象征。乡村区域品牌的内涵又远比商品品牌来的广泛，它以行政区域、地理区域、产品或旅游目的地为主体，是区域形象和区域文化的综合因素复合体。乡村的区域品牌建设作为战略进行规划，可以使人更加深刻的了解和记忆某一区域，并将联想和具象形象与这个区域的自然、社会、资源紧密联系起来，令其精神融入此区域的每一个细节之中，让这个品牌识别在消费者心里拥有个性，获得情感体验和生命温度。

2. 区域品牌的特征

区域品牌与区域形象是不同的。首先，区域品牌是属于此区域的无形资产，需要以商标的形式注册，且自诞生起便受到法律保护，可以有效提升区域产品的附加价值。其次，区域品牌具备与准公共物品同等的属性，所有权归整个区域共享，具有非排他性和非竞争性；区域品牌的地域性及根植性，则是集体行为的综合体现。

在我国，乡村区域品牌的主体比较多样，可能是国有、集体等企业，也可能是行业协会或民间组织等机构。乡村所在的地理标识的所有权及使用权通常是集体拥有，可由行业协会授权给其会员使用。由区域品牌的特性决定的，此类品牌由区域内多主体共同拥有品牌，并共同创造、使用、享受品牌带来的利益，由多主体在政府主导下实现共同的品牌建设。区域品牌的所有主体，如政府、行业协会、企业以及每位乡民，都将成为品牌识别的重要标志，任何其中一个要素的变化，都会影响到其社会评价。区域品牌主体和策略的明确，为官方发挥其潜在的服务职能确定了方向，也为此区域经济发展确定了方向。对区域品牌主体来说，制定翔实的发展战略，可以使行业协会或企业的工作顺利进行，推动区域内各项工作协调发展（图 2-11）。

3. 区域品牌资产构成

Jones（2005）分析已有品牌资产的论述文献，最后归纳为三类：①心理的品牌资产，即品牌对消费者意识的影响；②行为的品牌资产，即消费者对品牌的行为反应；③金融资产，即品牌通过投资回报、利润、销售额、价格与收益等表达的财务影响。基于通用的商业化品牌力概念模型，我们又可以将品牌资产的结构划分为品牌忠诚度、领导能力、品牌联想或差异化、品牌认知以及市场行为五个维度，这五个维度可以具体细分，来测量品牌资产所产生的品牌效应和市场效应（图 2-12）。

（1）**基于顾客心智的品牌资产测量**

基于用户心理的品牌权益（也称品牌资产）包括区域品牌识别和核心要素形象管理。识别要素中可以包括品牌商标在注册时的形式，如区域名称（地名）+ 产业（产品）= 区域品牌，将区域内的地理人文、历史传统等与品牌相关的要素有机结合，当此区域拥有多个特色产业集群时，将其通过不同的产品品牌进行标识，以标注本区域内相对应的产业集群。用户层面的信息和品牌权益，是以用户对品牌的认知度、态度、联想、情感和忠诚度作为

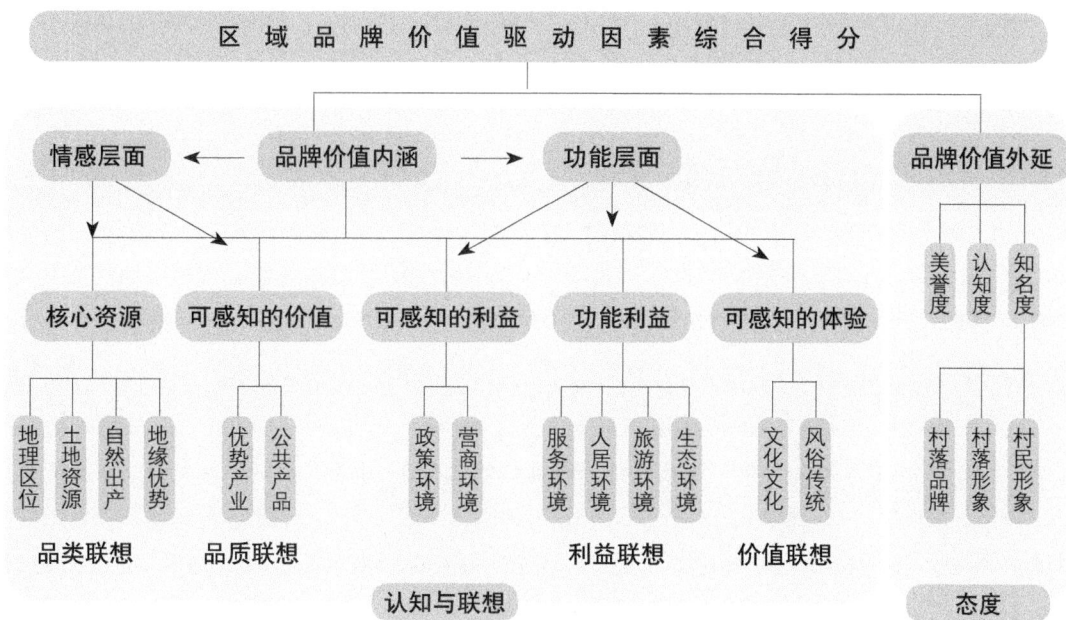

图 2—11 区域品牌价值驱动因素综合得分

品牌资产的测量标准，主要基于顾客调查数据，无法满足品牌资产在财务会计和并购市场上的客观需要。

（2）基于产业发展的品牌资产测量

基于产业集群的品牌资产，主要体现在为产品或服务带来的产出或利益增量，以及作为旅游目的地的客户吸引力，即品牌资产的价值最终应在市场的绩效上有所体现并可以测量。在这方面，区域品牌是产业集群、产业带、供应商、消费者的客观反映，可利用消费

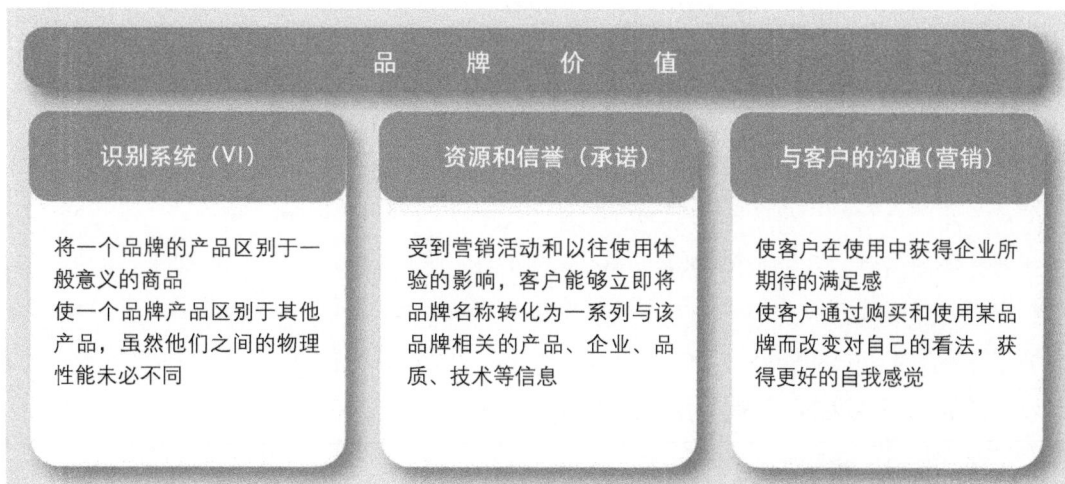

图 2—12 品牌价值（资料来源：网络引用罗兰贝格参考资料）

者是否愿意为品牌产品支付较高价格来测量，也可以从市场份额、价格区间、品牌影响力以及成本构成上综合体现。该测量模式能反映出品牌名称所增加的货币价值，对投融资和财务估价具有吸引力。

（3）基于投融资角度的品牌资产测量

基于金融市场的品牌资产，首先需要确保品牌社会作用与法律保护同时可以作为金融资产进行评估，如品牌被出售或并购的价格、特许费和加盟费估价（Marketing and Communication Forum，营销传播论坛，2011）。其评估往往从证券资产的无形资产中抽取出品牌资产（Hong-bumm Kimetal，2003），希望反映的是品牌未来发展的潜力，通常以主观判断和股票市场价值的方式来评估。

经过注册受到法律保障的区域品牌，都有明确的主体和自觉地总体发展计划，不仅可以丰富地区形象，提高整个区域的社会声誉，同时还可以在一定程度上为品牌相关人的行为做出规范，例如预防产品被仿冒，维护区域品牌的合法权益。在国际市场，尤其可为中国企业集体应对国外反倾销诉讼提供有效应对措施。

4.构建品牌家族体系

与区域品牌相比，品牌家族理论的出现和应用都相对较晚。别蒂莲将品牌家族定义为一个品牌名称被用至另一个新的产品类别，产生庇荫效果提携新产品的形象与销售。Kapferer（1992）将品牌层级从上到下，分为背书品牌、来源品牌、伞型品牌、范围品牌、线型品牌和产品品牌六个层级。Laforet 和 Saunders（1994）将之分为公司品牌、部门品牌、家族品牌、个别品牌、产品线品牌和叙述语六个层级。朱辉煌、卢泰宏、吴水龙根据家族品牌的不同，将品牌家族划分为产品品牌家族、企业品牌家族、区域品牌家族、区域产业品牌家族等品牌家族策略。

Dentoni 和 Gow 在区域品牌家族的基础上提出了企业组织间品牌家族的概念，即通过建立品牌俱乐部的方式将合作紧密、品牌所有权清晰独立的中小企业联合起来而形成的品牌家族。Iversen 和 Hem 首先提出了区域品牌家族的概念，他们认为，当区域名称与区域个别品牌结合成为某产业产品的品牌时，这种建构就是区域品牌家族（图 2-13）。

作为公共资产，泛化的区域品牌拥有权并不清晰，"公共地悲剧""株连效应""羊群效应""柠檬效应"等描述的都是因管理上的缺位而导致的经营风险。由于对市场参与者缺乏必要的监管和约束，同一地区可能出现相同的区域品牌形象，而产品、服务的主体不一致，标准不统一，质量标准也很难达到统一，"劣币驱逐良币""搭便车"的情况也就难以避免。以地理位置为核心的区域品牌更是普遍存在从历史中虚构故事、借机炒作、创新惰性等现象。在实践上，一个强有力的背书者，才是消费者心目中的价值的保障。

（三）乡村品牌战略的作业维度研究

1.乡村品牌战略的规划原则

我们首先明确，乡村品牌战略是为区域发展战略服务，基于全盘规划促进当地经济、

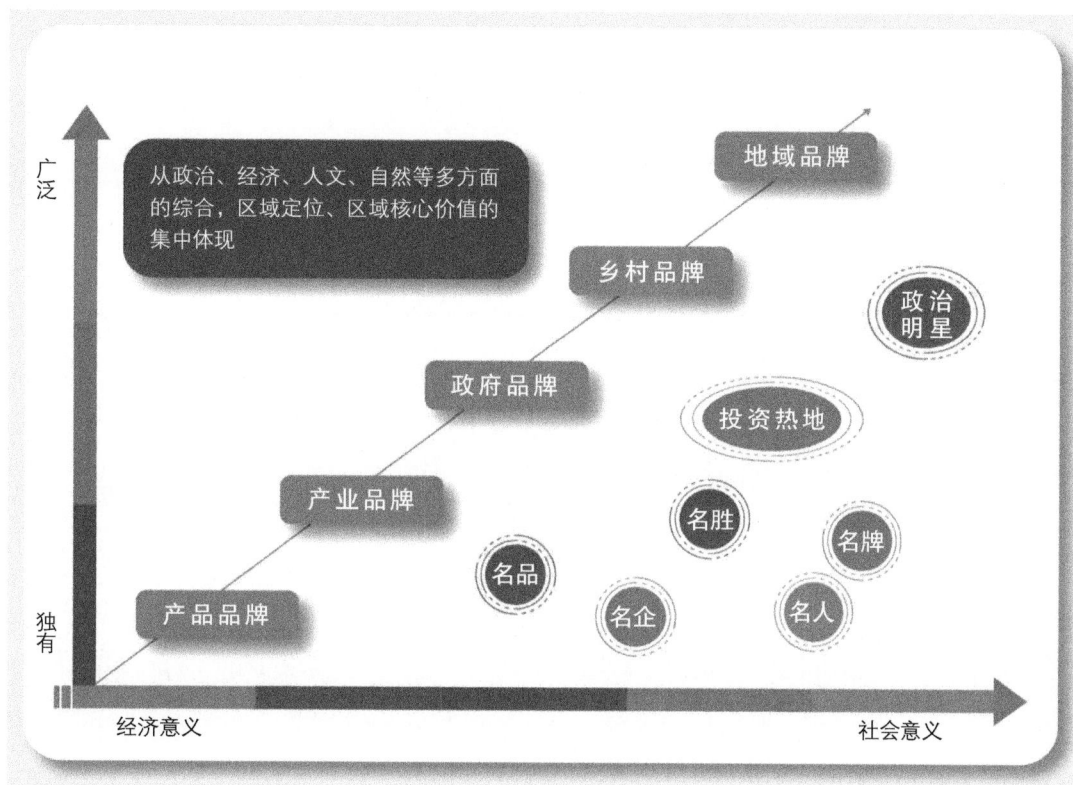

图 2-13 品牌意义

文化、环境等多点可持续发展的战略性举措。   无论是政府主管部门，还是协会组织、龙头企业，都可以成为乡村品牌战略的执行主体，进而成为区域发展战略职能的一部分，在达到乡村品牌战略目标的同时，有效的促进区域发展目标的实现。

同时，乡村品牌也是引发文化自觉的互动性纽带，以品牌建设振兴乡村不仅倡导基于物理层面的重建改造，也包含乡村精神文化层面的建设与共鸣，可以借此深入梳理乡村传统文化，通过区域营销活动，将品牌形象以全新的视觉形式呈现给大众，更好地促进人与人、人与自然、人与社会的和谐共进。

从实际操作出发，乡村品牌识别可以是某个地理名称，也可以是产业带或旅游地标，这是乡村特性和价值的诉求，且这种资产是主体明确、受法律保护、可以积累和可以运营的。同时，无论使用什么识别策略，乡村品牌都不仅是一个单一的地理名称，而是具有辐射特征的品牌体系，其内容天生具有包容性和价值延伸，是该地区在不同领域、不同产业集群、旅游地标所创造的综合形象的集中体现。综上所述，我们以区域资源和资产的形象总和为乡村品牌战略规划范围，参照商业品牌的战略模型工具，制定了如下区域发展战略模型内容（图 2-14）。

总体品牌值

一个唤起灵感的、易记忆的、朗朗上口的概念是品牌希望在主要利益相关者心目中建立的远远超过竞争对手的概念

战略品牌价值

包括功能性诉求；体验、关系或情感性诉求概念；信任原因概念
这些概念对总体品牌价值形成支撑，并且是品牌希望长期代表的

品牌性格

品牌的长期的、独特的个性、形象、态度决定了客户长远的对品牌的喜爱程度，往往采用拟人化表达方式

执行层面品牌资产

一系列具体的可长期拥有的品牌资产。例如品牌标识、包装、广告语必须是市场证明了的，易于区别的最多3个

视觉识别

对品牌的独特、长期一致的视觉表达。客户在所有接触点能立即识别，并与品牌相联系往往需要一个有颜色表达的附件

品牌基础

对主要利益相关者的一个简短的描述，包括规模、背景、心理等信息

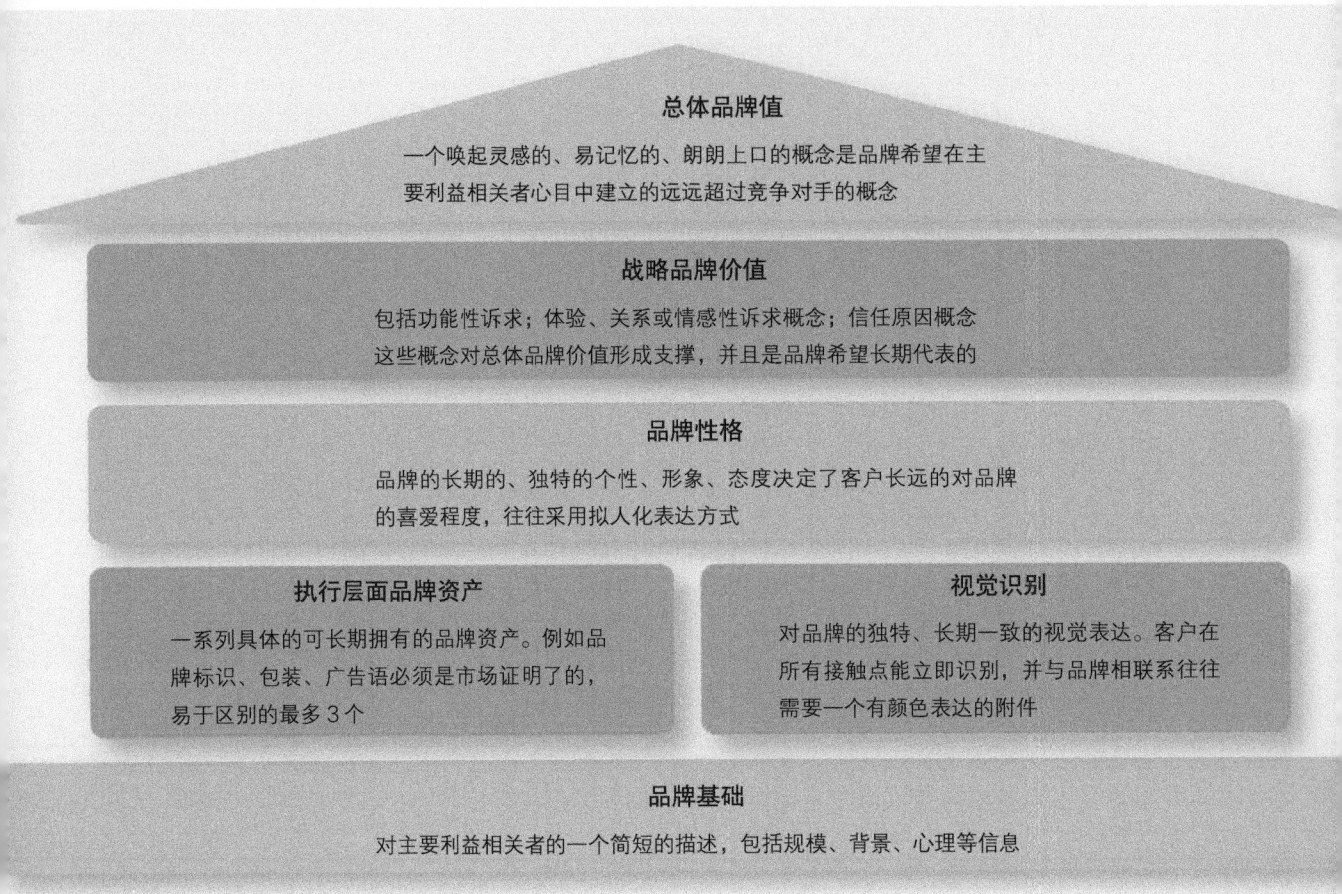

图 2-14　区域发展战略模型

2.乡村品牌战略的总体目标

乡村品牌规划及建设实施是一个系统工程，既涉及宏观层面的乡村发展规划、中观的产业集群发展和微观的空间规划设计，也涉及乡村地区传统文化的普查、挖掘、再现与活化，还涉及与战略实施息息相关的经济社会持续发展和制度设计。

主要的作业内容，一要摸清家底，依据自然资源条件，把握文化脉络；二要搜集整理分析资料，寻找比较优势；三要确定核心主题，准确市场定位；四要营造文化氛围，制订"人文、景观、产业、服务、组织"是乡村品牌化不可或缺的作业维度，树立持久的品牌和信誉（图2-15）。

（1）强化以人为本的品牌建设理念

通过品牌DNA的提炼加工，满足用户的精神层面需求和价值追求，强化能够吸引人、集聚人、愉悦人、留住人的理念，发现区域传统文化元素中的优势元素，彰显乡村文化的当代意义。以特色创意产业挖掘产业资源，提供令人愉悦的创意生活，规划和建设看得见山水的田园宜居环境，同时保留村落原有的文化空间肌理，营造良好的文化氛围，激发乡村活力。

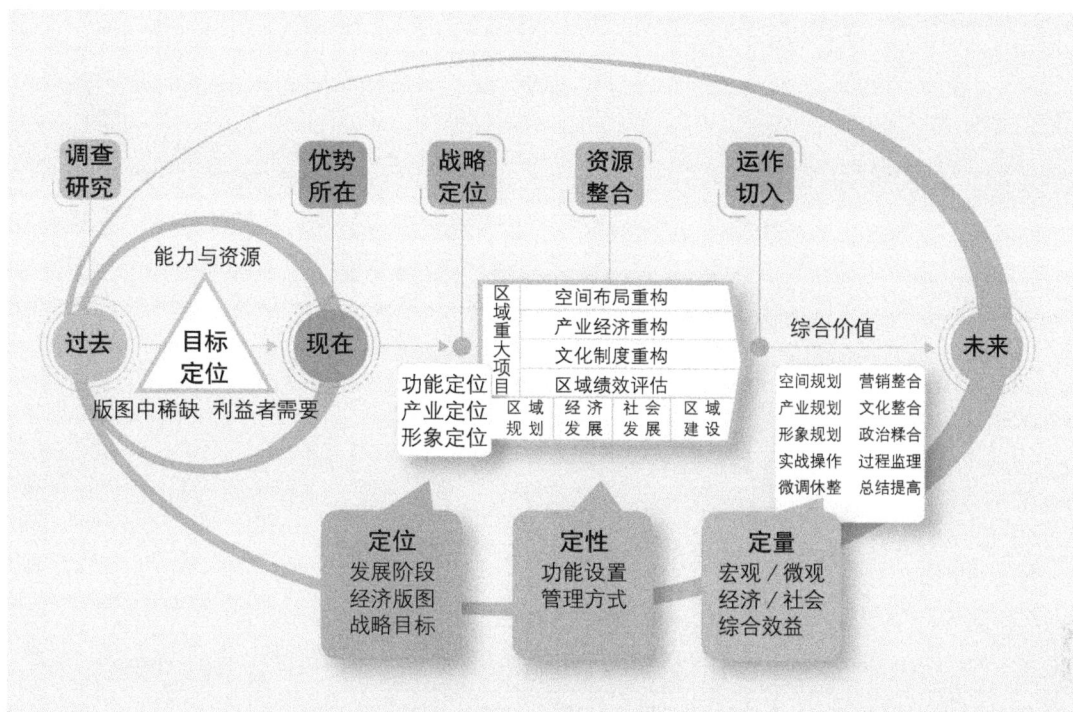

图 2-15 品牌意义

（2）呈现多元化格局的品牌发展特征

依托核心资源，发挥个体创业者、艺术家、投资商、政府部门、企业、非营利组织等多元化品牌主体的特点，呈现区域品牌多元化格局的特征，发展历史文化资源型、文化创意科技型、旅游消费市场型、文化艺术主题型、特色产业集群型、乡村文化体验综合型品牌元素，为区域品牌注入各自的美丽元素。

（3）释放自内而外、自下而上的品牌发展动力

走内生式发展道路，增强产业自内而外的发展动力，以城乡融合、三产融合、产城融合的思维使产业成为乡村振兴的基础支撑。同时，以品牌价值链释放激活资源，应对市场需求，建立完整体系，促进整体协同发展，获得自下而上的发展动力，达到跨界联动的效果。

3.乡村品牌战略的发展维度

（1）风貌—活化乡村生态

乡村品牌的人文特色包括乡土风貌、乡村社区和原生态的产业系统。乡土风貌和文化生态是文化传承的重要内容，也是宜居生态社区的魅力和灵魂。区域品牌建设的外化，可以体现在乡土风貌生态的保护和活化上，即遵循大自然的山水地势脉络和社会肌理，营造乡村社区，保留完整的产业生态链，形成发展生产、提高生活、改善生态的"三生共赢"品牌化乡村生态格局。

（2）风景—营造空间肌理

乡村规划设计与城市规划设计不同，在传承和创新乡村规划设计时，应抓住符合乡村

特点的内外场景，实现乡村空间及其审美价值的构成。在对乡村的空间规划中，既要充分发挥乡村的现有优势，又要在此基础上进行创新，寻求乡村空间的多元化利用，规范建筑、景观、街道、导示等特色内容。

（3）风俗—呈现个性图景

通过历史记忆的表达与再现、民风民俗的呈现与展示、本土文化的传播与推广构成乡村的个性与品格。通过街道、建筑、广场、公共服务设施、标识性景观等公共文化景观，实现历史记忆的表达与再现，把区域所特有的DNA结合到乡村肌理系统中，展现区域独特的魅力和感染力。通过民族特色、民俗民情、民间艺术、节日庆典等活的文化场景呈现，借助现代传播手段，塑造文化品格，带动新兴产业的发展。

（4）风物—挖掘产业资源

包括文化资源的挖掘与转化、特色产业体系的构建与发展、文创产业的创新与运营，将文化资源、产业资源、文化符号转化为运营资本，与技术、产品、市场等产业要素进行动态整合，形成包括核心产业、支持产业、配套产业和衍生产业四个圈层的产业体系。根据受众的认知意识、消费心理和时代审美规律，总结、提炼出具有品牌特色的文化符号，通过拓展和运营转化为广大用户可以接受的特色。

（5）风情—分享生活方式

地区与文化的差别是用户旅游行为的最基本动机，利用创新文化旅游的思维，强化区域人文的反差和个性，通过吸引资本、技术、人才等各类生产要素营造乡里生活方式、提供专业化服务，以文化为引领，采用创新手段为用户打造时尚生活，促进城乡互动互融。

在各类乡村旅游产品中融入独特的乡愁文化基因，凸显乡土文化的生动和灵动，发展诸如养老、健康消费等需求潜力巨大的产业。结合乡里生活方式的营造，规划预留公共艺术空间，建立公共文化服务供给机制，增强乡村的现代活力和艺术感染力，吸引年轻人回乡，复兴乡村文化。

4.乡村品牌的发展路径

乡村公共品牌的特征就是公共性和集群性，所以乡村公共品牌的发展，需要吸引和集聚更多的品牌主体，自下而上推进乡村品牌化发展。借助地缘、亲缘、学缘、商缘，吸引返乡创业、外来寻梦、专业寻宝等创业人士，以及拥有专业的知识技术、雄厚的资本实力、优秀的人才团队以及成熟的商业模式和经营渠道的企业加入品牌建设，有力推进区域经济发展及文化创新，供约就业岗位的同时，也帮助乡村建立特色产业体系，为乡村发展注入新鲜血液。

（1）**依托产业集群**

产业集群形成和发展是一个渐进的过程，一般需要经过分散企业、集中企业以及形成产业链、产业高地、区域品牌、虚拟市场等几个阶段。当广泛的乡村区域具备了产业分工完善、产业链成熟的产业集群，规模型产业市场占有率高，容易形成品牌忠诚；优势产业成长性好，有利于品牌可持续发展，加上龙头企业的带动和政府的支持，很容易形成区域品牌。

（2）依托地理标志产品

具有地理属性的标志性产品是将所在区域的传统文化特点、地域特点及所特有的品质特点融于一体的只属于此区域的标志性品牌，其地域特征明显，具有较强的市场竞争力及可持续性的产业成长优势，可逐渐将区域品牌塑造成型，让其围绕区域形成成熟的产业，如能达到此目的的，将可撬动整个区域内各产业发展，并能够形成各产业的自有特色。培育基于地理标志产品的自有品牌是实现乡村可持续发展的最佳选择。

（3）依托旅游目的地

根据资源特点及组合特征，发挥资源优势与特色进行错位发展旅游主题，如人文历史、文化休闲、会展商务、海洋海岛、生态旅游等，通过区域内各优势资源的整合，串联起有形产品和服务产品，深刻影响旅游者感知，传达主题性的旅游目的地形象。

（4）社区支持农业

社区支持农业（CSA，Community Supported Agriculture）的概念于 20 世纪 70 年代起源于瑞士，并在日本得到最初的发展。CSA 指社区的每个人对农场运作做出承诺，让农场可以在法律上和精神上成为该社区的农场，让农民与消费者互相支持以及承担粮食生产的风险和分享利益。这是一种城乡社区相互支持，发展本地生产、本地消费式的小区域经济合作方式。在这种合作的基础上，CSA 一方面看重在保育生态及资源下共同承担、相互分享的社区关系，看重社区中情感及文化的传递，另一方面则往往会推行健康农作法、永续生活及包括身、心、灵在内的整合的健康观念。

5.乡村品牌发展的作用机制

乡村品牌建设无疑对乡村振兴、城乡融合发展具有双重意义，一般认为，在发展的主导动力上，需要区别对待。对于自然资源丰富、发展基础好、区位市场条件好的乡村，可以将发展主导动力交给市场，充分发挥市场的灵活、主动和竞争优势，提高发展的质量；对于后发地区，要充分发挥政府在资源分配、政策导向、智力支持方面的主导作用，促进乡村跨越性成长。

利益机制。乡村品牌的形成既代表了运作主体各方自身的利益，又代表了各方的共同公共利益，始终坚持以农民为受益主体的品牌建设原则，建立惠及农民乡亲的公共服务和社会保障体系，为离土不离乡的农民的就业、学习、创业、生活等提供综合配套支持，是首要的利益机制。另外，区域政府的利益诉求是促进区域经济的发展，改善区域的投资环境、居住环境和旅游环境，最终增加政府的财政收入。行业协会、相关企业的利益与乡村品牌的效益亦息息相关，毕竟乡村品牌带来市场规模和利润，有作为才能有地位。

竞合机制。想要区域乡村品牌时刻充满活力就需要让其达到多元化的格局，在此过程中要充分引入竞争和合作机制，使乡村品牌形成并持续多元化格局，进而可以令区域乡村品牌达到良性发展的目的。除此之外，还可以以乡民个体或组织为依托，通过不同形式将其整合，搭配必要的资源，使农村各社会资源有机结合，良性发展，壮大集体经济。在这过程中还需要合理调配资源，统一协作指令，避免发生各自为政的情况，保持一致性。

调节机制。充分体现行业协会规模大、实力强、运作模式成熟、社会辐射力及影响力大的优势，促进区域品牌实力整合，使其成为具有竞争力的现代产业，形成"利益共享、风险公担"的生态体系；可为企业开拓合作资源，培育区域品牌文化，监督管理品牌产品质量，辅助企业做好品牌的全面运作管理及经营目标的达成；同时，还可为企业拓展外部资源，建立起与政府之间的沟通，既可让企业为政府提供产业信息支持，又可为企业向政府争取政策支持。除此之外，还能够起到维护公共关系、加强同行业交流及合作的作用。

监管机制。政府主导是乡村区域品牌建设的核心，乡村区域品牌的准公共性质要求一定有政府行政力量介入，其所起的作用主要包括引导、监督及服务的职能。也包括从法律、制度和规划等不同层面统筹推进，因地制宜地制定具有区域特色的乡村发展规划，做好顶层设计以及协调关系，引导并维持良性竞争格局，规范管理体制，确保行业标准化实施，对产品及服务质量进行监督。

第三章　案例实践

传统村落，在中国具有特殊且多元的价值。就历史维度而言，传统村落是资源的汇合地、工艺的发源地、文化的聚集地以及传统的延续地。中国社会科学院农村发展研究所所长张晓山指出：在中国经济发展进入新常态的形势下，中国农业和农村的发展是保持中国未来较长时期经济中高速增长的最深厚的底蕴。遗憾的是，随着城镇化的进程，诸多的传统村落却在此过程中变成了落后的代表。现状杂乱、发展缓慢、文化缺失、自信丧失等现象较为常见。我国的传统村落数量多、分布广，是民族文化的重要构成成分。一个不争的事实是：多元因素的影响使传统村落的特质文化及其价值不断萎缩。科学、合理、有效地帮助传统村落挖掘、传承、整合、创化、优化资源与文化成为亟待解决的社会问题。

习近平总书记 2013 年提出建设"美丽乡村"的奋斗目标，对乡村建设寄予厚望。党的十九大更是提出"实施乡村振兴战略"，并明确了总要求。2018 年 2 月，中共中央办公厅、国务院办公厅印发了《农村人居环境整治三年行动方案》，提出以建设美丽宜居村庄为导向，提出村容村貌提升，更明确"要注意因地制宜，保护、保留乡村风貌"。

中国乡村建设研究中心主任李昌平主张：新农村建设要适应逆城市化趋势，"把农村建设得更像农村"，要建设有历史传承的新农村，有主体性的新农村，生产、生活、生态"三生共赢"的新农村，可经营的新农村，共富和谐的新农村。新农村建设最终的目标是让乡村人过跟城市人不一样的生活，过上比城市人更好的生活。

在这样的时代背景下，中国的乡村也为广大艺术家们提供了广阔的视野和无限蓬勃的灵感。无数艺术家投身乡村建设，为乡村带去了艺术，也为乡村带去了变化与活力。艺术以一种温和的手段，整合了传统村落的文化、历史、自然资源，唤醒了农民的自主意识与尊严。除却自然山水田园、风情民俗建筑、当地特色文化等可以直接"拿来"的遗产要素外，立足于乡村的艺术更是一种生态自然的经济资源，能够巧妙地将现当代科技与传统田园、民居结合，并打开我们对世界的新的想象，拓宽边界，用新的艺术手段、文化创意，推动美丽乡村建设，促进乡村旅游发展，也将有力地推动乡村复合型经济体系的发展，推出乡村特有的文化品牌，让我国传统村落发展与建设找到一条新的尝试道路。

当然，艺术于乡村振兴不只限于乡村风貌，更不只限于设计时尚的民宿和艺术教师的支教，如果我们深入地了解并读懂艺术，就会发现艺术不是一种孤立的割断，而是与政治、经济、社会、大众发生了紧密联系，扮演着一种动态激活的身份。在传统村落的建设过程中，可以充分发挥艺术自身所具有的强烈的激活性、生态性、在地性和生长性。艺术之于乡建，其内涵一方面是艺术家的思想观念，另一方面则是当地村民的参与性创作。换言之，这是一个动态的概念，包含系列化的创造过程、事件展演以及偶发和派生等多种形式。可以说，艺术不仅对保护、保留乡村风貌发挥作用，而且能够助力精准扶贫，以及推动乡村生产生活生态的健康发展。因此，在此背景下通过社会实践的方式，对多地的乡村进行实地考察实践，探索传统村落的特质文化与特质资源该如何挖掘、恢复、传承、创化，是"美丽乡村"战略的核心问题，是"美丽乡村"战略的价值体现，更是研究艺术振兴乡村路径不可缺失的部分及时下探究的重点。

一、湖北省孝昌县磨山村樊家湾

（一）乡建，不止于"艺术"的文创实践

磨山村坐落在湖北省孝感市孝昌县王店镇，因山得名，是一个风景秀丽且有着一千多年历史的古老村落。磨山村绿荫葱郁，有天然的黄砂岩资源，石材耐久性好，自古就是石匠栖居的理想场地。他们寻泉而居，砌石为屋，耕读传家，石艺立村。

磨山村的石艺工匠史历史悠久。村民祖先学得精湛石艺，擅长锤凿雕琢之功，制得各种石器，畅销全国，远近闻名。祖祖辈辈以石艺立身，并将石艺传承至今。农耕文化时代，磨山村石艺业以传统手工生产为主，以收徒弟的方式扩大生产规模；步入现代文明，传统手工制作凋敝，以现代机械生产加工为主。村民樊凯说："馆里的石磨年代最为悠久，到底是什么时候打造出来的，村里年纪最长的老人都说不上来。"石房、石桥、石磨、石碾、石磙等遍布村内，以不同的方式见证着20世纪的辉煌。

磨山村自古以做石磨闻名，祖辈以做石磨为生，但是随着时代的发展，石磨的使用功能渐渐被历史所淹没，石磨不再具有曾经的重要价值，发展陷入了停滞期。面对这样的困境，中国人民大学【艺乡建】团队进驻磨山村樊家湾，对樊家湾的历史人文、村落布局、周边地貌、景观生态、生活方式、手艺劳作、经济模式等各个方面进行全面考察，并以艺术的角度为切入点，创造性地探索艺术激活乡村的可能性和可行性，寻求一条更加适合村民、村庄、社会的传统村落特色发展的策略与方法体系。

　　在乡贤和村民的引导下，通过观察、了解、分析、反思等方式，与场域进行直接且多元的交流，寻找场域的特色语言以及活态化的文化基因。对其区位、自然资源、人口构成、经济模式、生产工艺、建筑特点等进行了深入的调研与分析，并将村落内现有问题进行梳理。

　　首先是樊家湾的石工艺与石资源问题。其一，樊家湾自古以做石磨闻名，祖辈以做石磨为生，但是随着时代的发展，因石磨使用功能与当代社会需求的割裂，其价值丧失殆尽。其二，在访谈中得知，外来的商人将黄砂岩作为一种建筑材料进行大肆开发，这种粗放型的生产方式性价比极低，同时造成生态恶化。樊家湾的石资源产业急需转型升级。

　　其次是樊家湾没有优势显著的工艺。村里妇女所做的工艺，主要是粗放型的日常生活用品，在其他村落里也比较常见，樊家湾当地人也不以此为"优势工艺"。

　　最后是村落的人心问题。村里的老手艺人樊守忠提道："我们村里的祠堂在'文革'时被拆除了。以前有祠堂的时候，族长会在祠堂中进行纠纷的调解。那时的村民是有'祠堂'的概念的，现在的村民基本没有了。"樊家湾大量的年轻人外出做工，村落渐渐失去了曾经的活力，人心涣散，留守村落的是年迈的村民。若任其如此下去，村落面临着消失的窘境。从这意义而言，乡建是一种人心回归的方式，"美丽乡村"战略不是简单地"锦上添花"，而是"雪中送炭"。

（二）樊家湾创化

1.文化产品创化

　　党的十九大提出"乡村振兴战略"，因此要在新时代背景下寻求乡建的答案。具体到磨山村，目前，粗放型的工艺不能满足其需求，那么可以从艺术的角度切入，基于本地的资源结合艺术的视野带来更为巧妙的产品语言。此前，石头被大规模开采用作建筑材料，破坏了生态环境，因此，【艺乡建】团队把着眼点放在既有当地传统特色又能够符合当下新时代背景的文创产品开发方面，寻求黄砂岩在"特色发展"下的新解答。

　　将粗放型的加工方式转为精细的文化产品设计，不仅提高了产品的附加值，使单位利润大大提高，又节约了成本，避免了大规模开采，更是强化了其符号价值，将石产品作为樊家湾的"特色产品"推入市场，对于构建地方区域品牌意义非凡。

　　（1）茶台

　　【艺乡建】团队选择的文创产品不仅是一个艺术家的作品，还将是一件实用的产品，具有审美与使用的双重价值。比如，将石料与茶台结合。石头本身是坚硬的东西，茶台《叶》采用"叶子的形状"改变了石料在人们心中的印象、质感的认知，营造出一种缥缈质感，石头的硬和叶的轻盈结合，是一种冲突的语言表达（图3-1～图3-3）。

　　区别于茶台《叶》的冲突表达，茶台《水》则是更多地利用了材料本身的肌理，呈现出来的是一幅有低有高，有疏有密的意象山水图（图3-4～图3-6）。

　　（2）杯垫&坐垫

　　樊家湾主要以粗放型的工艺为主，但是这不能完全否认其工艺的存在价值，【艺乡建】

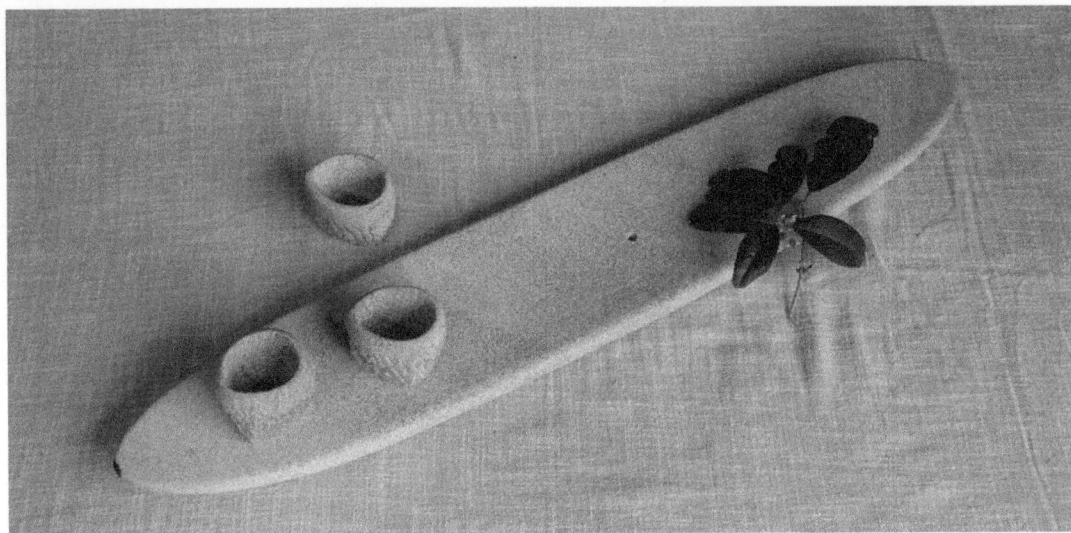

图 3-1　茶台《叶》（一）

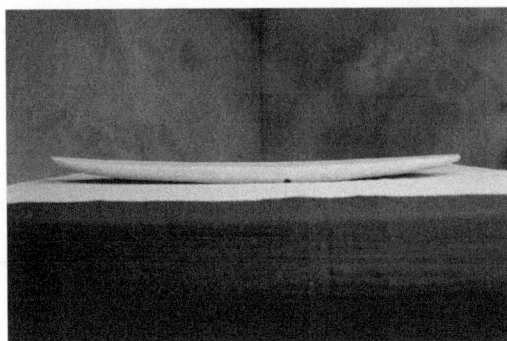

图 3-2　茶台《叶》（二）

图 3-3　茶台《叶》（局部）

图 3-4　茶台《水》（一）

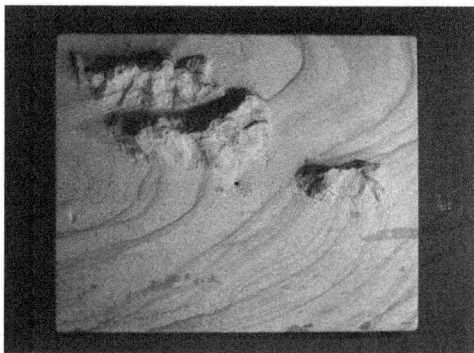

图 3-5 茶台《水》（二）

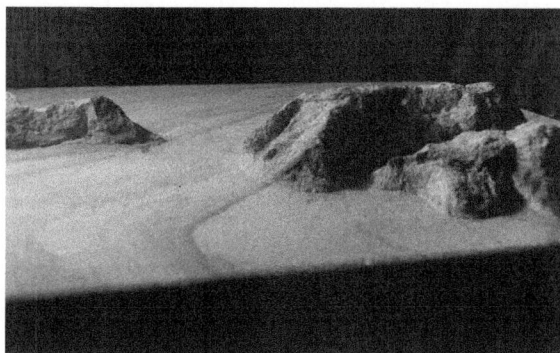

图 3-6 茶台《水》（局部）

图 3-7 杯垫《拾艺》

团队以艺术的角度对其进行诠释，挖掘其新的价值实现。团队将村民家中久压箱底的素色麻布进行创意设计，将樊家湾的一山一石，一水一磨提炼成不同种类的视觉符号语言，并将这种符号语言以麻布为载体、以当地枕头上的刺绣手法进行呈现。这是场地的元素表达，一个石磨、一堵石墙、一条凿石痕、一棵古树，都化为一缕情，借以"杯垫"上的一针一线展示出来（图 3-7）。

同时，所提炼的符号形象便于村民能够自我实现。

坐垫的设计是村民工艺与生态观念的融合。这一设计源于深度走访某一村民家中时由一个坐垫引起的，村民讲述到这个坐垫由旧毛衣做成。把旧毛衣拆分为细线，然后在一个旧窗框上加上有秩序的方钉进行穿插配合，手工捆扎而成（图 3-8～图 3-10）。在进行重新设计时，保留其特色的同时，从现代审美的角度规制了配色与形式。团队成员说："那个垫子很吸引我，工艺性很强，我在想其商用价值是很大的，配色上有些随意，但稍加设计，完全可以做成非常精致的产品。"

此外，杯垫、坐垫的制作，包括初始方案的酵发、方案的细化、执行的结果，全程都是【艺乡建】团队与村民在不断的沟通中共同完成的。在这个过程中，"设计"扮演的角色不再单一，

图 3-8 《垫"乐趣"》制作工具（原材料：拆掉的旧窗框）

图 3-9 《垫"乐趣"》展览效果

而是一个动态的身份，从初始方案的酵发到方案的细化以及执行和结果，全程都是设计师与村民在不断的沟通中优化、改动设计，在方案的制作过程中，很多农闲的妇女觉得有趣都自发加入我们的团队，呈现出村落妇女围坐一起共同制作的场景。这样一个行为过程本身就具有独特的意义，拓展了艺术的定义与意义。

在制作这个产品的过程中，改变了农闲中不少村民无事可做"只能打麻将"的情景，因此，调动村民参与创作不仅能够使优秀的传统手工艺得以传承和延续，创造经济效益，更能够改变村容村貌，提高乡村的精神文明，消除不稳定因素。

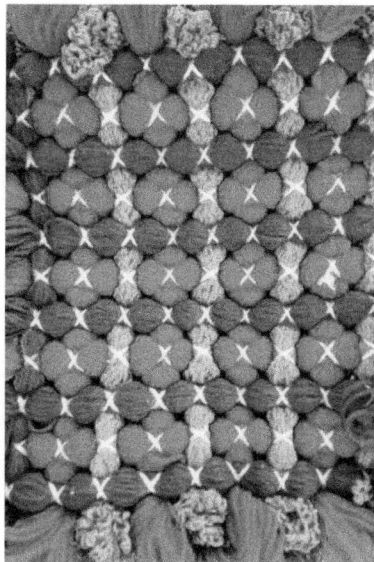

图 3-10 垫"乐趣"（局部）

2.公共艺术装置

乡建不仅是建设，更重要的是文化精神的传承，公共艺术是一种介入、激活的重要手段，制造的过程、合作的过程都很重要。公共艺术的核心价值在于"公共性"，樊家湾的公共艺术作品主要是从视觉化的认知出发进行创作的。

樊家湾最典型的特色就是石头、石材，当地人靠石头"吃饭"已有千年历史，甚至对石头有一种敬畏之心。"在石头上织毛衣这个作品"，是【艺乡建】团队与当地人民共同参与制作的，这件作品不是把毛线简单地缠绕在石头上，而要像织毛衣一样一针一线地"织"一件石头穿的毛衣。【艺乡建】团队将本来穿在人身上的毛衣穿在石头身上，作品的背后承载着人心的汇合过程，寄托着对樊家湾石艺的传承和保护之心。而且，大家共同参与作品的创作，在过程中有沟通，增强了人们的凝聚力。村民共同地做一件事，这件事情的完成过程中会产生一些人与人之间的黏合性，这件作品虽不是永久性的，但创作过程中引发出的人与人之间的沟通才是最为重要的，这是【艺乡建】团队创作的核心，也是乡建的核心。

通过对传统村落的深入走访，寻找公共艺术在乡村的全新表达，是进行乡村文创的一种行之有效的手段。【艺乡建】团队根据樊家湾的场所特性，将村民们引以为傲的石磨进行元素提取，并加以符号化，通过鹅卵石本身的大小不一去勾画三组大大小小不同的圆形，再涂上一些比较鲜亮的颜色，用大地景观的做法，构建具有独特识别性的樊家湾村口装置。旁边的围挡与此呼应，共同营造乡村趣味。《心聚》中将村口的几块置石进行包裹，与其他的同心圆可以形成视觉上的连续（图 3-11 ～图 3-13）。

3.建筑改造

（1）乡村博物馆设计

村博馆是陈设本地传统生产工具与承载记忆的空间。是本地居民引以为傲与社会产生共鸣的场所。

该类设计面对的主要问题是在原有建筑风貌和构想功能之间的矛盾，即如何在以保护

图 3-11　心聚（一）

图 3-12　心聚（二）

图 3-13 心聚（三）

为导向的设计和以功能为导向的设计之间寻找到合理的方案。【艺乡建】团队提出的策略是在满足建筑功能改变所产生的需求的同时对旧体建筑进行最低限度地设计。这一策略的具体实现就是连接穿插在原有建筑结构之中的盒子，借助这些盒子实现引导、采光、承重等功能。两套系统穿插在提升建筑质感的同时，区分建筑的图底关系，以表示对原有建筑结构和风貌的尊重（图 3-14、图 3-15）。

（2）综合体验馆设计

综合体验馆的主要功能是为游客提供体验式旅游的空间环境。体验馆提供工艺样板，游客可模仿制作，放弃每人一部手机度假的习惯，亲自动手设计、绘制旅游产品。体验馆的设计采用了保留、去除、修复、添加的手法对场地旧体建筑进行再设计（图 3-16）。

（3）民宿设计

樊家湾民宿的设计以自然、淳朴之感为原则，在原有建筑的基础之上进行改造。庭院景观是整个民宿的核心和中心，设计时缩小室内空间，加强庭院空间以增加交流互动的可能性（图 3-17、图 3-18）。

（4）茶室设计

樊家湾村落的周边是广袤的茶园，品茶成为旅游环节的重要活动。茶室作为该区域重要的娱乐场所，设计的风格在尽量保留原生态的基础上加入了许多现代审美元素（图 3-19）。

图 3-14　博物馆改造设计（一）

图 3-15　博物馆改造设计（二）

图 3—16 综合体验馆设计

图 3—17 《"苑"里"院"外》民宿设计(一)

图 3—18 《"苑"里"院"外》民宿设计(二)

(三)"艺术激活乡村"的多重效益

　　磨山村有其独特的自然资源、旅游资源、石材资源,但是作为传统村落,也有着许多传统村落目前共有的问题。【艺乡建】团队以艺术为抓手,把磨山村之前传统的石艺重新发扬,提高产品的附加值,从粗放式的发展转向集约式发展。根据现有的手工艺品进行升级开发,既可以创造新的经济效益,又能够将赋闲在家的村民们重新调动起来,带来较好

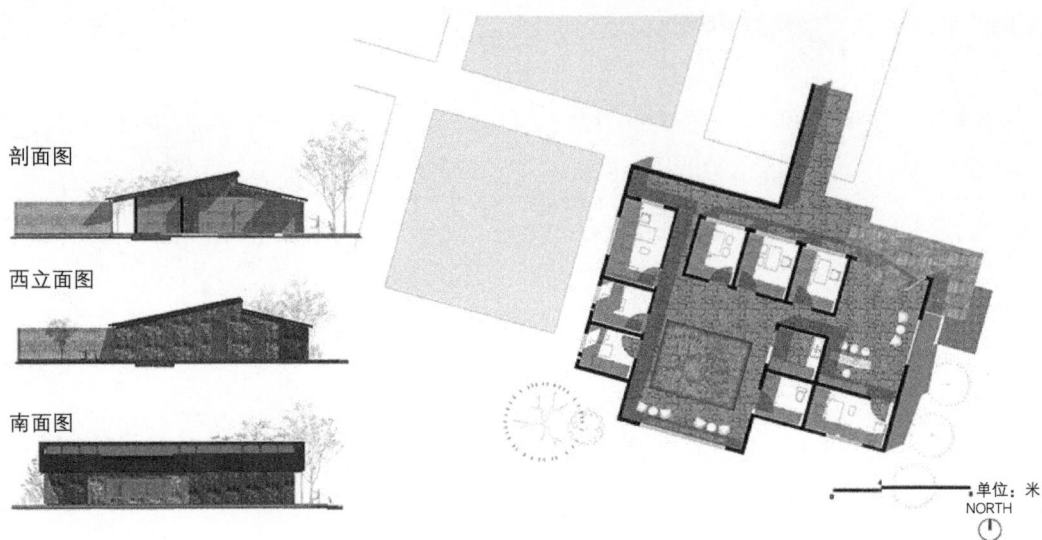

剖面图

西立面图

南面图

单位：米
NORTH

图 3-19 《一"井"阳光》茶室设计

的社会效益。同时，这种工作场景又能够留住客人，让前来休闲的城市人找到一种浓浓的田园风情，让城市人找到新的体验。体验消费等对樊家湾来说，将是一个重要的发展方向。这是艺术介入乡村建设的价值之一。

需要强调的是，在整个过程中，艺术家应脱离指导者的姿态，以一种平等的方式去做乡村的建设。设计方案及其实施由专业人士与村民共同完成，即：开放性的设计策略，该策略强调艺术家并非完成所有的设计与实施工作，而是留下一定的空间让工匠和村民自己去发挥，借助该策略提升村民的参与性，强化方案的在地性，这是【艺乡建】团队正在坚持的。

本次驻村，不仅用实践支撑了艺术振兴乡村方法论的可行性，也通过文创类产品探索、民宿设计、公共艺术设计给磨山村樊家湾自身的发展带来一定的收益和拓展。2017 年下半年，来自磨山村政府的数据统计显示，在【艺乡建】团队进驻建设前，磨山村年游客量在 800 人左右，建设后年游客量在 8000 人以上，游客量同比增长了 9 倍；未建设前只有零散的小规模种植养殖，建设后形成了以合作社为单位的特色化、规模化的种植养殖等项目；未建设前村庄杂草丛生，没有公共活动空间，建设后村容村貌焕然一新，建设了村史馆、石艺博物馆、石艺广场、休闲广场、生态广场等设施，公共核心区面积在 20000 平方米以上；未建设前人均纯收入 4660 元，建设后人均纯收入达到了 8000 元，几乎翻了一番。

（四）小结

艺术激活乡村主要体现在三个层面。其一是空间层面：艺术激活乡村能够在改善乡村环境的同时提升环境特质，通过公共艺术的激活能够增加村落空间的场域特质，活化单一匀质的外部空间，优化村民的活动休憩空间。其二是经济层面：艺术的激活能够充分挖掘资源，形成面向特定人群的文创产业，以旅游、体验为导向的服务产业，加强城乡资源与信息交流，形成城市推动乡村发展、乡村反哺城市的城乡协调发展态势。其三是社会层面：通过公共参与、深度访谈、持续对话等方式，传播传统技艺等非遗保护思想，提升乡村居民的文化自信，增强村民的劳动技能，加快农村生态文明建设。

艺术的激活并不应该局限在乡村环境或是技艺等单一要素的提升与挖掘，而是艺术对于乡建的全要素激活，即艺术激活乡村的文化、经济、环境、人居等。艺术激活乡村文化以重建乡村生活风貌为目标，以在地的文化传统为基底，利用艺术的表达手段保留、保存、延续、拓展乡村文化的乡村生活的核心内涵和外化形式。艺术激活乡村经济，就是以艺术服务城市经济的方式来发展乡村，以传统乡村非物质文化为基础的产品创化、发现、挖掘、激活价值。

基于传统村落特色发展的艺术激活乡村策略并非某一具体的设计，而是艺术激活乡村的机制、规划乡村产业发展等，方案扮演的是最后一步。在地的设计创化，创化后怎么去转化为价值，转化为价值后怎么持续的收入。比如成立乡村合作社等，可以在艺术家离开后持续运营，这才是更大的意义所在。

提到乡建的经济效益，让人不得不想到城市建设。回顾城建过程，政府和地产商诉求各有不同，激发了诸多矛盾。在传统村落的特色发展过程中应怎样吸取城建的教训，艺术家的真情、政府的善意、乡村的美丽三位一体，应紧紧相扣。艺术家的产品创化扮演的也是链条的一环，要正常的运作乡建的产品收益模式还要综合三位一体的思考。文创产品的设计仅仅是内容之一，怎样去应用、循环、延续这种活态化的设计则是艺术激活乡村要不断溯逐的，这也是一个更具挑战性的过程。

此外，艺术家应怀有高度的责任感和敬畏之心，要尊重本地的自然生态环境、历史遗存、本地文化，尤其是村民的意愿；用适当的方式唤醒村民的文化自觉和文明意识；用多元的手段传播乡土文明和乡土生活；用合理的途径承载乡愁，延续记忆。

二、贵州省丹寨县

党的十八大以来，在以习近平总书记为核心的党中央的领导下，各级党委和政府更加自觉、更加主动地推动中华优秀传统文化的传承与发展。随着我国经济、社会深刻变革，对外开放日益扩大，互联网技术和新媒体快速发展，各种思想文化交流、交融、交锋更加频繁。这使我们迫切需要深化对中华优秀传统文化重要性的认识，深入挖掘中华优秀传统文化价值内涵，着力构建中华优秀传统文化的传承发展体系。

（一）丹寨的非遗宝库

丹寨县位于贵州省东南部黔东南苗族侗族自治州西部，占地面积为940平方公里，总人口 17.2 万人（2013 年）。丹寨县是一个以苗族为主的多民族共同聚居县，居住着苗族、侗族、水族、布依族、彝族等 21 个少数民族，其中苗族人口占总人口的 78.78%。是国家级贫困县和国家生态建设重点县，辖 4 镇 2 乡 1 个国有农场。

丹寨民族文化历史悠久，是黔东南苗族文化的代表。丹寨县地处都柳江、清水江上游，融合了都柳江系、清水江系苗族文化的特点，至今仍保留着古朴、浓郁、独特的民族风情，苗族、水族等世居民族在千年变迁和繁衍生息中，创造了自己独特的文化。丹寨民族文化分布于全县 7 个乡镇，很多村寨富有特色的民族文化是贵州乃至中国民族民间文化中的精品。其中丹寨县苗族蜡染、古法造纸、苗族锦鸡舞、苗族口头经典"贾"、苗族苗年、苗族服饰、苗族芒筒芦笙祭祀乐舞 7 个项目已被国务院列为国家级非物质文化遗产保护名录，另外，苗族古瓢琴舞、翻鼓节、苗族历法、苗族百鸟衣等被列为贵州省非物质文化遗产。丹寨是贵州东线旅游的重要景区之一，2003 年 1 月被县政府列为县级民族文化旅游景点，2012 年获中国"全国休闲农业和乡村旅游示范县"称号（图 3-20）。

民族传统节日是民族文化展示最为集中的平台。丹寨的民间节日有祭尤节、苗年、翻鼓节、吃新节、牯藏节、踢毽节、锦鸡文化节等，每逢节日，人们穿着民族盛装，唱山歌、

图 3-20　贵州丹寨县

跳芦笙舞、斗牛、赛马，热闹非凡。作为全国苗族支系最多的县，每个支系的服饰、语言等各有不同，造就了最为丰富多彩的苗族文化。

尽管中华优秀传统文化与非物质文化遗产备受关注，但是作为传统民族村落，贵州省丹寨县仍旧面临着传统村落所共有的问题，劳动力不足、产业结构单一、发展理念滞后……尤其是目前，我国非物质文化遗产保护政策仍有不足之处，这从丹寨县非物质文化遗产保护现状就可见一斑。目前，丹寨县的问题可以归纳为以下几点。

1.非遗文化传统传承模式趋向瓦解

贵州丹寨县拥有石桥古法造纸技艺、苗族锦鸡舞、苗族贾理等7项国家级非物质文化遗产，同时还有17项省级、130项县级非物质文化遗产和5个文化艺术之乡。虽然拥有大量的传统文化，但是苗族的年轻人已大多走出山村，不再关心家乡非遗文化的发展，很多人对丹寨的非遗文化价值与意义已经有了疏离。传统社区的老一辈的妇女们，还留守在村落，但是年轻人已经长期不在村子，无法或无心承接丹寨的非遗技艺。

其中最值得一提的是贵州丹寨苗族的非遗传承。苗族是一个没有自身文字的民族，苗族的历史与文化只是通过口头方式来传承的。直至今日，苗族有些文化民俗知识仍以口头教育为主。贵州苗族主要通过家庭教育、村寨（社区式）教育、师徒教育，来对本民族所固有的伦理道德、风俗习惯和民间文化等传统知识进行传承教育。

现在的贵州有完备的学校教育，也有小规模实施的苗族非遗传承教育。比如贵州省福泉市仙桥民族中学，学校为发扬地方文化，确定学校的办学特色，为"把学校建设成为继承和发扬地方民族文化的摇篮"，学校积极寻找素材，在学校成功组建了具有地方民族特色的"苗家美"舞蹈队和"刺绣班"，但也基本处在尝试的阶段。

由此可见，贵州非遗传承教育没有完善的体系，教育者依然把更多的精力放在升学率上，很多学校连上述的小规模活动都没有。通过调研发现，一般苗寨家庭的女童只能选择上学或在家刺绣两种方式。目前学校所开展的课余传承教育课程，对于贵州的非遗文化传承基本没有太大的实质性作用。

针对这一情况，丹寨地区目前已经在国家的响应下成立了非遗文化的合作社或者工作坊，例如丹寨县扬武乡驻地南部的基加村（图3-21），便成立了瑙壁哩苗族蜡染合作社（图3-22），丹寨县城也成立了大大小小的公司、培训基地、传习所等（图3-23）。此外还有部分小一些的企业主要以传承人为核心进行公司的运营，例如县城的嘎闹手工刺绣有限公司就是以马尾绣传承人余国敏为核心进行公司的运营（图3-24），甚至也有一些企业家创办以民族手工为核心的品牌，例如丹寨县的"晟世锦绣"企业便是基于丹寨的苗绣、蜡染、造纸等非遗文化创办地区的品牌——村寨故事（图3-25）。

传统的手工模式面临瓦解，不再适应时代的发展，这些大大小小的合作社、公司、传习所等在一定程度上促进了丹寨地区文化的发展，但是这些雨后春笋般的机构彼此并没有形成一个很好的组织，其发展也是步步受阻。

图 3-21 基加村

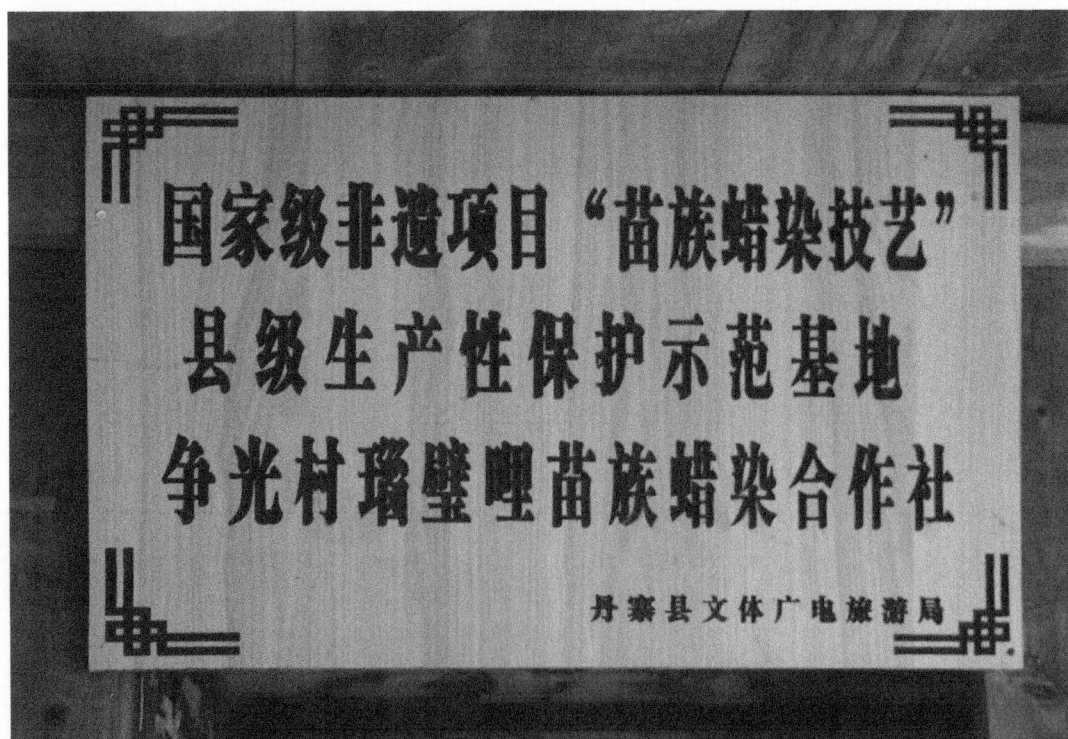

图 3-22 瑙璧哩苗族蜡染合作社

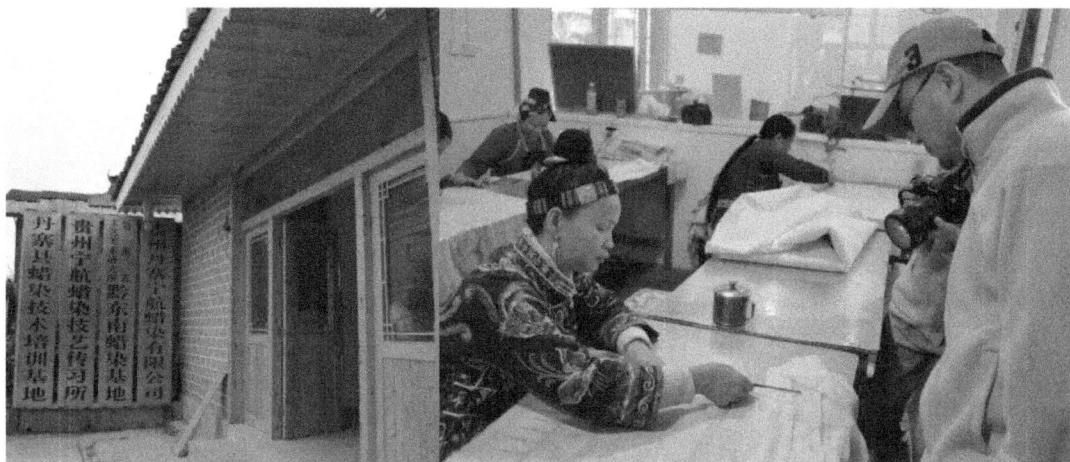

图 3-23 本书作者陈炯带领【艺乡建】团队参观宁杭蜡染有限公司

图 3-24 嘎闹手工刺绣有限公司内部

图 3-25 晟世锦绣创办的"村寨故事"品牌

2.包买制的生产模式

在丹寨的手工生产模式中，"包买制"占有一定的比重：企业或者商人对村民的手工制作下订单、组织材料、回收产品进行销售。这样一方面增强了农户抵御市场风险的能力，使生产相对稳定，但也带来了一定的负面影响。"包买制"下的手工艺人，往往陷于单调重复的手工劳动中，不再具有创造的活力。例如在丹寨蜡染中，由于商人的需求，手工艺人为了存活，不得不接一些订单而画一些与本民族毫无关联的图案，如老虎、狮子、人物等纹样，这些纹样从未出现在蜡染中也从未出现在苗族的文化中。此时，手工艺人无异于某一种形式上的机器，而非遗的技法也仅仅只作为一种介质，当手艺人与作品脱离，作品失去了创作者的温度，失去了植根其间的文化力量，丹寨的非遗文化发展自然也面临着重重困境。

3.高端定制与大机械化加工的矛盾

丹寨的手作型非遗文化以精细作业为主，一块蜡染的布、一块刺绣好的苗绣纹样、一个打制好的银饰、一件手工缝制的外衣，都需要花费手艺人相当长的时间，这就造成了丹寨的文创产品很难形成大规模的加工、大批量化的生产，而必然会走向"高端定制"的道路。然而，当今交通业逐渐便利化，以及受现代工业生产机械化、规模化和商业化的影响，使得大量少数民族手工制品被物美价廉的城市用品所取代。在这种情况下，苗族人民逐渐放弃了耗时耗力的富有传统民族特色的手工类产品，将目光投向生产现代化类别产品。再加上网络时代的开启，对贵州苗族文化带来了极大的影响。以被国务院列为国家级非物质文化遗产保护名录的苗族服饰为例，服饰类流行趋势在网络更新速度快，为了迎合大众审美眼光，越来越多年轻一辈的苗族百姓纷纷跟上了时代潮流的脚步，使舒适与便利的中国汉族服饰以及西方服饰渐渐侵蚀了苗族服饰市场。除了较为贫困、开发较少的苗族地区，以及节庆表演之外，现在已经很少能看到年轻一辈的苗族百姓穿着本民族的传统服饰了。

与此同时，机械加工也在大规模冲击丹寨的非遗文化传承。由于耗时耗力以及刺绣人老龄化等诸多原因，苗族妇女们都选择快速、便捷的机绣来完成苗绣作品，尤其是苗绣坊的苗绣商品。但是一旦进行机械加工，其本质上也丧失掉了丹寨"手作"的特质，削弱了产品的文化价值，少了一些苗族味道。此外，当地人也很少能用发展的眼光和民族责任意识去开发、保护和传承非遗文化，甚至会出现一些假冒伪劣的较低端的产品，削弱了苗绣的整体形象。因此高端定制与机械加工之间的平衡发展将是各个地区亟待解决的问题。

本次丹寨调研创化是关注中华优秀传统文化、民族文化遗产的一次在地、在场的学术实践。通过结合不同学科对"艺术激活乡村"的构思与实践，【艺乡建】团队以艺术的观念进行产品创化，研究艺术介入乡村的意义、目的与方式，明确艺术介入乡建过程的要素对象：经济、环境、文化、人居，进行艺术介入乡村的理论实践，创造性地探索艺术激活乡村的可能性和可行性。寻找乡村发展的内生动力，挖掘艺术对乡村建设的价值，防止以城市模式去指导村镇建设，以"大拆大建"式的村庄合并来"再造"新农村。为乡村建设探索更加适合村民、村庄、社会的传统村落特色发展的策略与方法体系，尝试探索一套立足于中国当代乡土社会现实的设计工作模式。

（二）艺术激活丹寨

1.学理构建：非物质文化遗产及其创造性转化

作为中华优秀传统文化重要构成的非物质文化遗产，是民族个性、民族审美的鲜活呈现，是伴随社会发展和特定时期社会实践的生活、生产方式。传统手工艺是非遗中的重要门类，具有独特的内涵和多元的价值。在传统社会关系中，手工艺是一种有效的社会生产力，与衣、食、住、行、用以及生产紧密相关；传统手工艺内含了丰富的文化信息和精神品质，同时呈现了地域文化的特质和情感传递的功能。简言之，传统手工艺是集文化性、情感性、艺术性、日用性和价值性于一体的生态体系。

习近平总书记指出：对待中华优秀传统文化，"要处理好继承和创造性发展的关系，重点做好创造性转化和创新性发展"。不可否认，工业产品在当今社会处于绝对的统治地位。消费市场与文化土壤的巨变以及传统手工艺创新的不足，直接导致了其衰败的现状。然而，手工艺产品因其独有的文化内涵和价值属性，可以成为多元化市场需求下对机器标准化产品的有效补充，这为传统手工艺的创化提供了可能。

对待传统手工艺，有两条路可以走。其一是"以传统继承好传统"，使传统手工艺得以完美地延续；其二是在传承的基础上进行创新，也就是说我们在传承其传统和精华的同时，更重要的是通过创新的观念、方法，使其重新融入大众的生活，重新唤醒消费者个体审美与文化认同的消费欲望。传统手工艺的当代性创化，不能脱离当今的消费主义语境，无须谈及"市场化、商业化、消费化"便色变，但也要避免片面的商业化。传统手工艺的创化，一方面应满足特定人群对于传统手工艺的怀念、对传统文化的心理需求；另一方面应处理好当代审美和时代造型的有机融合。创化的过程是对传统手工艺的时代性解读，是对其生态系统（文化性、情感性、艺术性、日用性和价值性）的修正与完善。

国外对于传统手工艺当代性创化的成功，印证了其在当下日常生活的应用，有效地缓解了工业产品造就的冷漠的生活方式，说明了传统手工艺文化与工业文化共生互利的重要性。如：意大利设计师提倡的新现代主义消费美学；日本推行的"一村一品"运动等。

消费主义时代背景下，传统手工艺需以创化的理念和方法创造出既满足当今生活功能需求，又符合时代审美观的工艺产品，使传统手工艺以崭新且合理的姿态再次进入社会生活，以此触发出其复兴的内生动力。

2.非遗文化传统工艺激活

（1）工匠精神

"工匠精神"是近几年常提的一种精神，强调传授手艺的同时，也传递了耐心、专注、坚持的精神，这也是一切手工匠人所必须具备的特质。这种特质的培养，只能依赖于人与人的情感交流和行为感染，这是现代的大工业的组织制度与操作流程无法承载的。"工匠精神"的传承，依靠言传身教地自然传承，无法以文字记录、以程序指引，它体现了旧时代师徒制度与家族传承的历史价值。

从"工匠精神"渐渐被推崇不难看出，大众在充斥着机器流水线生产的商品中，越来越能感受到"人情味"的缺失。机器生产能提高生产力，降低生产成本，但是也无法避免地变成了"千篇一律"。实际上，没有比丹寨非遗手工艺更适合诠释"工匠精神"的了。以苗绣为例，注入每针每线中的情感、绝对无法复制的工艺、每个图案背后的厚重文化、每件物品蕴含的人生深意以及在时间中慢慢磨砺和代代传承的技艺，都是"工匠精神"的体现。想要真正激活非遗文化并完成其创造性转化，就不能让手工艺和机器生产相比，这两者本来就没有可比性，而是要寻找到真正适合这一工艺的定位。如果机器生产是去寻找苗绣这一工艺的广度，通过降低成本和快速生产来达到快速传播的目的，那么真正的手工艺应该去寻找这一工艺的深度，以传承者的态度，保有匠人该有的专注和骄傲。

（2）营销介入

随着全球化进程的不断加快，产业化、城市化、商业化的不断推进对贵州少数民族原生态文化遗产带来了猛烈冲击。由于丹寨非遗文化制作规模小、产品单一、营销观念落后、缺乏专门的市场等原因，丹寨的非遗文化在国内和国际市场上的艺术魅力和价值并没有得到重视，藏在深山无人认识。

贵州苗族服饰文化目前已经被列入国家级非物质文化遗产保护名录，但是究其根本，苗绣作为世界上唯一用"绣"的方式记载本民族历史脉络的艺术品，服饰文化其实是丹寨刺绣文化的依附。然而目前，贵州苗族刺绣正承受着生存空间日趋狭窄的压力。苗绣产品大概分为两部分，一是古代流传下来的老绣品；二是苗族人们日常生活中使用的新绣品。这些老绣品大部分被外国商人和游客以极低的价格买走，只有一小部分散落于民间。因为贵州苗族人民大多生活在深山中，非常不便于搜集和开发苗绣，而且这一部分老绣品被看作是苗绣中的精品，很多人反对进行开发，只能当作文物进行收藏，这样使老绣品的市场很难做大，做精。新的苗绣是人们在生活中自绣自用的，随着苗绣不断推向市场，刺绣市场的竞争变得更加激烈起来。据统计，目前在国际和国内市场，中高档的绣品、绣饰中，苏绣占领了主要市场份额，湘绣、粤绣、蜀绣则占领了国内市场，而苗绣的销售大多在本省，主要卖给来贵州旅游和在贵州工作的外地人用于馈赠亲朋好友。苗绣的文化价值与艺术价值并没有得到广泛认可。

因此，从非遗文化的传承发展、艺术激活角度来看，一方面，需要寻找非遗文化传承人，整合非遗文化企业，产出优秀产品，形成良性竞争。另一方面，需要加强对丹寨非遗文化的历史、工艺与艺术价值等的梳理，形成理论支撑，增强丹寨非遗文化的学术性。

（3）跨界融合

除了追求非遗手工艺品本身的工艺深度，尝试跨界融合也是一种很好的打开市场、给非遗文化注入新活力的方式。以苗绣为例，它本身就与苗族银饰、蜡染、古法造纸等工艺有着千丝万缕的联系，一同装饰着苗族生活的方方面面。通过跨界融合的方式，强强联合，将不同的工艺深度结合，用传统工艺打造出符合现代审美的产品。

苗绣的主视觉印象是丰富的色彩和有内涵的图形，并使用单一的银色构造华丽的造型。作品以苗绣的绣绷为元素，小巧的圆形银绣绷简单精致，大小错落。中间的苗绣小巧但每一个都是苗族特有的具有代表性的图案，并用不同图案所代表的含义给其命名。同一个项圈、手链、耳饰或戒指上的绣绷都可以随意组合替换。既让银的清雅中和苗绣的热烈，又能在造型上更高度的结合，是审美价值与使用价值并存的产品（图3-26～图3-28）。

3.非遗文化创新性发展路径

随着经济水平的提高，越来越多的人将资金投入在旅游业，与此同时地方性的文创产品越来越受到大众的重视，人们对于文创产品的购买标准也越来越高。文创产品与其他产品的不同之处则在于其"特色性"和"创意性"，而非遗文化则是各族人民在漫长的生活生产实践积累创造形成。非遗文化是以人为本的活态文化遗产，它强调的是以人为核心的技艺、经验、精神等。这两者的结合是时代所趋。日本和我国台湾地区的"社区营造"都特别强调对传统文化的保护和活化，重视生活传统和生活空间的延续，打造"非遗文化"从原生性、展示性的形式向创意性、体验性的文化空间转变。而文创产品的设计则更倾向于将非遗文化的原生性和文化性转化为产品的承载性。不管是空间上还是产品上，这两者在当下的结合以及结合的方式都成为当下的热点。

文创产品设计需考量到文化本身所蕴含的文化意义，这样产品才能具有文化的承载性，因此文化产品的发展必须从文化的观点着手，来寻找文化意涵与商品呈现的适宜脉络关系。转观"非遗"文化，其自身蕴含着历史精魂、民族思维、文化基因等，其文化内涵正是当下全球同质化时期所缺少的，而文创产品恰好是可以作为非遗文化现代发展的"出口"。非遗文化为文创产品提供了创意平台和文化资源，同时文创产品又成为非遗现代化传承与发展的途径。因此，充分挖掘非遗文化的文化价值、民族价值将其转化为创意资本，不仅提升了文创产品的竞争力，同时也赋予了非遗文化新的活力。

【艺乡建】团队在"非遗"的视野下，从"非遗"中汲取文化基因，并将其与现代的产品交融转化，为突破民族限定下的"非遗"基因的发展路径提出建议。

（1）产品视觉强化

视觉强化原则即利用最根本的设计原则单纯进行表象的视觉强化，增加其美感，是一种最为简单的转换形式。丹寨非遗文化例如苗绣、蜡染、马尾绣以及盛装上的锦鸡文化纹样，其本身是很精美的图案，并具有浓浓的苗族特色，但是其色彩大部分是农闲的妇女对颜色进行随意的配比，有一定的局限性，并且已远远不符合现代人的需求（图3-29），因此可将其颜色配比或者承载介质置换营造一种新的视觉效果，例如爱马仕的丝巾便是从各个国家寻找特色元素，将不同的元素进行视觉手段处理，再造出全新的符合现代人审美需求的

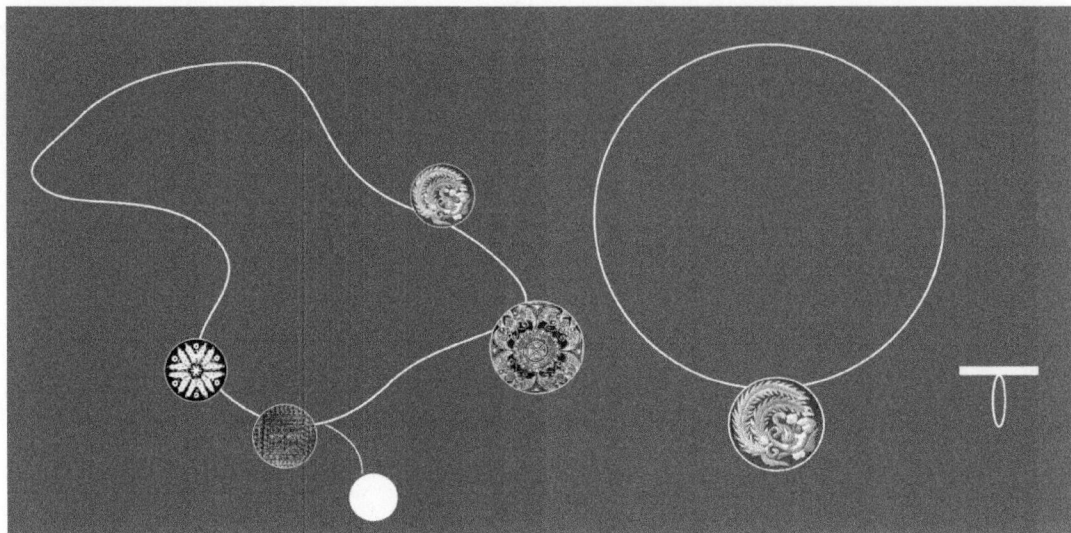

图 3-26 《绣与银》系列概念图

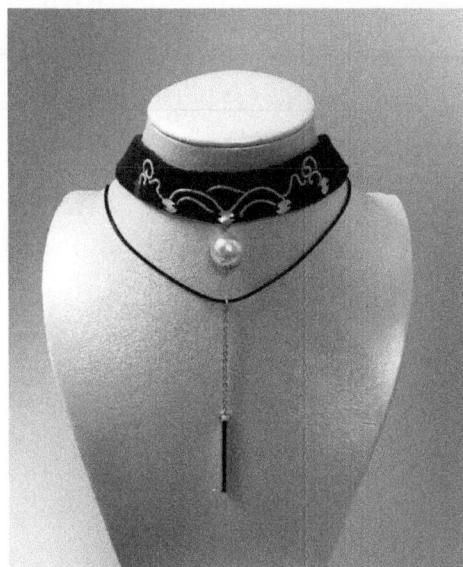

图 3-27 《绣与银》系列（一）

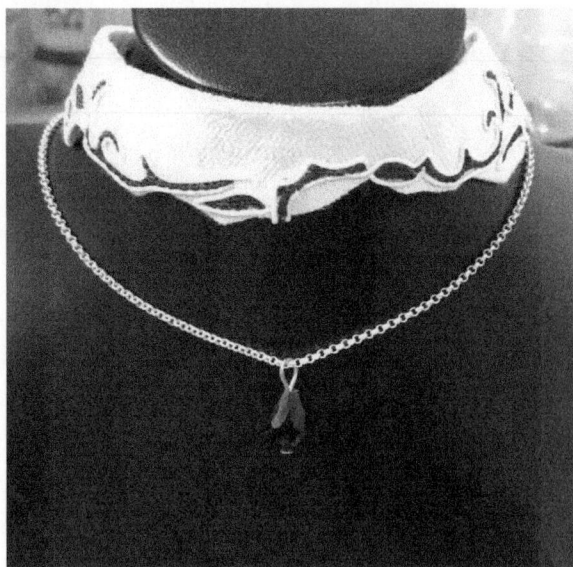

图 3-28 《绣与银》系列（二）

图案形式，进而以丝巾的介质进行系列化呈现，虽然其依托于民族特色元素，但是新产生的图案极为时尚，符合大众的审美趋势，具有一定的时尚感（图 3-30）。需要注意的是，这样的设计手法应用到非遗转化文创产品上将是一把"双刃剑"，结合好的话会对非遗本身有一定的发展，结合不好的话则只是纹样的搬迁和堆叠，那么与市面上其他的文创产品并无其他不同，因此需要注意合理化的再造与设计。

（2）**构造产品气质**

文创产品主要是借由着产品上所要传达的文化意象，来传递该地区的特色性和民族性。一款好的文创产品设计除了要蕴含一定的文化内涵，更为重要的是要有其自身的"气质"，这种"气质"可以是有寓意的、有趣味的、有寄托性的等。一旦其自身的气质性突出，那这款文创产品就不仅只是一个产品，还附带了很多的其他价值。设计者将地方性的非遗文化的抽象性的东西进行具体化、物质化，把文化意境承载到物质产品中，借由产品和消费者进行沟通，在构造产品气质中可以将行为、概念等通过巧妙的手段将其联系起来，借由产品所传达的信息，转化为某种意向融入产品中，让用户借由所看到的意象而感知其要传达的信息，进而拉近与产品之间的距离。

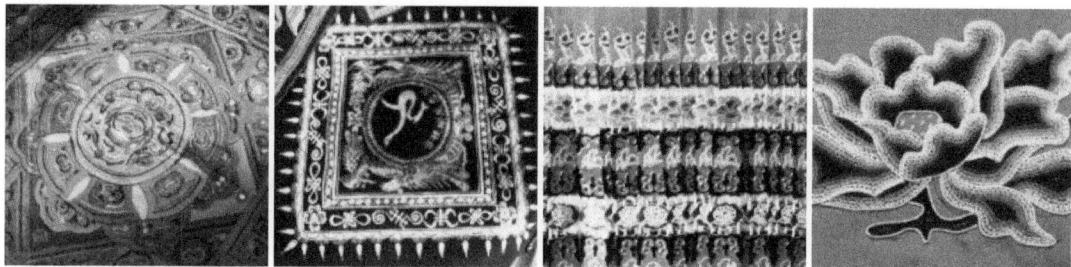

图 3-29　丹寨非遗文化上的纹样

图 3-30　爱马仕丝巾（图片来源网络）

例如曾获得德国红点大奖的"上上签牙签盒"（图 3–31），将中国古代求福时的上上签和牙签的概念进行嫁接，赋予了普通的生活用品牙签以祈福、幸运、逢凶化吉的内涵，因此这款产品已不再是一款小小的牙签，而且承载着更深刻的文化内涵，承载着人们的祈福、寄托在里面，因此其产品也将更为打动人。

（3）更新产品体验

近年来，网上购物已经屡见不鲜了，互联网端的购物体验更加关注到人本心的需求，更加注重消费者的购买体验等。除了产品自身的文化价值、情感价值的优化外，其还会运用一些小技能增加与消费者之间的距离。例如，电子购物会附随着包裹搭配感谢信、小玩偶、优惠券等，提升产品的情感特性，延长消费者的购买行为（图 3–32）。因此，在进行文创产品设计时，也可以充分考虑消费者的心理需求，增加产品的情感温度以及其背后的互动性。例如可以赋予文创产品不同的系列不同的主题，购买者不仅可以购买还可以分享自己当时当地关于这个主题的故事，也可以看到已经购买的其他人的故事，增加产品的人情味。这样不仅使买者与产品发生故事，还可以使买者与卖者之间自然而然的生发故事，这样便

图 3–31　上上签牙签盒（图片来源网络）

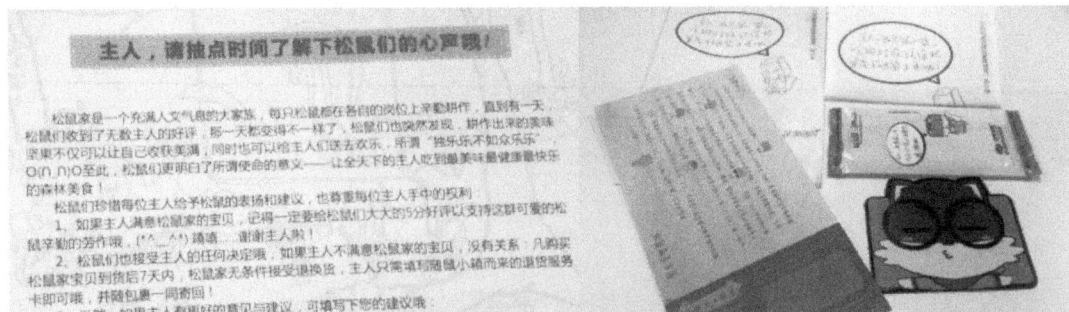

图 3–32　互联网购物感谢信

附加了其超越产品背后的意义，带来了购买者的新体验。

（4）个人化的产品

现代人的行为越来越与手机密不可分，一个人一天有很长的时间都是在和电子屏幕进行交互，因此非遗与文创的结合也可以利用现代科技手段，运用技术创新结合设计创新将非遗文化中的历史文化价值转变为高附加值，同时带给买者不同以往的购物新体验。例如，国外开发的一款 App：Let's create! Pottery（一起做陶瓷），便是将陶瓷艺术和新科技结合，同时该游戏同 3D 打印服务商合作，用户在完成自己的模型后，可将模型提交到网上，服务商用 3D 打印机把陶器打印出来，然后寄给用户（图 3-33）。这样的形式同样也是卖产品，但是发动了买者的自我创造力，买的并不仅是一款陶器，而是参与了消费者的创造性与偶然性在其中，增加产品的温度以及产品的独属性。例如在丹寨的文创产品中，则可以让购买者参与到蜡染、造纸的过程中，购买者可以选择在软件上或者在实地上进行操作，但是最后消费者都会得到一款自身创作后的作品，而不是别人加工后的产物，这样便会将当地的文创产品转化为个人的情感独属品。

4.丹寨创化成果展示

【艺乡建】团队的丹寨驻村成果斐然。经过走访探查，团队对苗族蜡染、古法造纸、苗族服饰等非遗文化有了深刻认识，并通过艺术手段，在最大程度延续非遗手工艺文化的基础上进行产品创作，使其具有艺术品的价值，还兼具商品的价值。既有品牌的影响，又能为当地带来经济来源，一举多得。

《蜡染》系列从当地民族服饰中提取图案纹样，用现代的表现形式进行展现，让人眼前一亮（图 3-34 ～图 3-39）。

《纸》系列是对丹寨非遗文化"古法造纸"进行的再创作，其中纸茶更获得了国家专利，这不仅提高了纸的艺术与审美价值，也通过艺术作品对"中国国纸之乡"构建品牌效应，提高其世界知名度（图 3-40、图 3-41）。

图 3-33　Let's create! Pottery（图片来源网络）

图 3—34　《蜡染》系列纹样（一）

图 3—35　《蜡染》系列纹样（二）

图 3—36　《蜡染》系列纹样（三）

图 3—37　《蜡染》系列纹样（四）

图 3-38　《蜡染》系列——蜡染鱼形灯

图 3-39　《蜡染》系列——蜡染书签

　　丹寨之行探究一种回归，探索非遗再发展，因此本次设计成果通过展览的形式进行表达以及对外宣传。俗韵已行，尘网误落，陶渊明欣慨之意，宜适今日。看纷纷扰扰，无休无歇，劳心废形，永无止息。在丹寨原本神秘的意境上建设一条回归的曲径，精简、守静、归真。

图 3—40　《纸》系列——纸茶

图 3—41　《纸》系列——屏风

　　这样的设计得承于中国悠远的人文意境，探究展陈境界之途，通过对中国文化精神的应答，静心绘制富有中国传统审美的意境（图3-42、图3-43）。展陈的形式是去领悟和定义一种中国式的生活方式和境域，一种旷达，一种淡泊的诗性居住。这种诗意生活，正是源于林泉而止于庭宇的生活境界，将神秘的文化用更诗意的方式表达，转化为适合当代的情趣。

图3-42　展览方案（一）

图3-43　展览方案（二）

三、浙江省宁海县（前童镇、桑洲镇、葛家村）

（一）【艺乡建】团队走进宁海县

继党的十七大提出"建设生产发展、生活宽裕、乡风文明、村容整洁、管理民主的社会主义新农村"的目标后，党的十八大报告提出新型城镇化发展战略，指出现代中小城镇建设要走集约、智能、绿色、低碳的道路，要坚持以人文本，坚持科学发展观，使城镇真正成为具有较高品质的宜居之所。

新型城镇的提出为浙江省宁海县各个城镇的发展指明了新的方向，以前童镇和桑洲镇为代表，积极结合自身生态资源、产业特征，通过生态资源的保护与开发和传统产业升级发展，努力提高城镇发展品质，完善城镇服务功能，加强生态文明建设，充分挖掘历史资源，传承地域文化。

与此同时，宁波市为了深入贯彻省政府住建厅《关于印发浙江省高水平推荐农村人民环境提升三年行动考核验收办法》文件精神，宁波市农村实施"安居宜居美居"专项行动，在市域范围内分阶段分步骤推进村庄设计工作，提高村庄建设水平。

面对这样的情况，宁海县政府在积极推进城镇发展的同时，邀请【艺乡建】团队入驻宁海，为宁海推进"安居宜居美居"专项行动出谋划策。

【艺乡建】团队基于中国人民大学多年来农村经济与产业研究的基础性成果，围绕当前乡村振兴战略、传统村落（城镇）保护、工匠精神与工匠文化传承、精准扶贫、社区营造、乡村文化自信和乡村价值认同等乡村建设焦点问题，跨界式融合了宏观经济与区域经济研究方法、社会学领域的产业人口关系模数分析、农村经济发展模式研究、艺术学、设计学、传播学和品牌经济作业模式等学科与专业，以多种乡建模式的项目实践、经验与技能传授、策略与方法创新为特色，逐渐总结了一套以艺术手段促进乡村生态平衡、可持续发展的系统化作业路径。【艺乡建】团队的作业模式则是基于系统化顶层设计，以区域资源禀赋为根基，在组织乡村、建设乡村、经营乡村的各个阶段，充分发挥艺术自身所具有的激活性、生长性和在地性优势，形成乡村村落（城镇）的内生性成长。【艺乡建】团队的项目作业，则强调策划导入的基础与策略，以及总体规划、分步实施的执行落地。能够为宁海县的城镇升级、乡村美化带来新的生命力。

（二）"升级迭代"在前童

前童镇隶属浙江省宁波市宁海县，地处浙江省宁波市宁海县西南，下辖1个社区、17个行政村。前童镇东临一市镇、跃龙街道，南连桑洲镇和三门县，西与岔路镇毗邻，北接黄坛镇、跃龙街道，是一个历史悠久、文化积淀深厚、地理环境独特的江南古镇，先后被命名为"浙江省历史文化名镇""浙江省旅游城镇"和"中国历史文化名镇"。前童拥有完整古建筑群、灿烂人文景观和优美自然风光等丰富旅游资源，已基本形成了以传统建筑风貌和民间生活为特色的历史文化保护区，吸引着越来越多的国内外游客前来观光。前童镇具有丰富的历史文化，是个五匠之乡，尤其以木匠和雕刻为代表，北京故宫博物院收藏的一顶花轿和一张木雕嵌镶床皆出自前童。前童的元宵灯会别具一格，是极富地方特色的民俗活动。灯会活动期间，各地前来观赏的人群蜂拥而至。

东南沿海地区由于起步早、城镇化进程快、人民生活水平高，导致乡村发展水平较高，硬件设施完善，在进行艺术振兴乡村时，【艺乡建】团队以"FOR U设计"为动机（图3-44），以"悦目赏心"为策略，以"化古开今——植根于传统之上的当代语言表达"为理念，从方向、方法、方案出发，采取升级迭代的思路，对现有设施、地点进行改造升级，注入新元素，增加新功能，并设计了悦目赏心、化古开今的前童新三宝，形成突出记忆点，增强前童品牌价值，表达前童文化基因。

出隧道进入古镇前童地界，鼓亭行会是前童每年最热闹的活动之一，"鼓亭"也是极具地方特色的文化遗产。作品《鼓亭》处于快速路中间，感知时间在数秒内，因此，作品在'形'与'色'上以最简单的表达方式呈现在地文化基因并与受众沟通（图3-45）。

前童有方孝孺、清溪、梁皇山以及现在生活在古镇里的居民，作品以抽象的形态表述之。作品《记忆》地处进入古镇的交通路口，观者有停留阅读作品的时间可能，其上的文字内容是最直接的信息传达，同时表明即将进入古镇（图3-46）。

前童人文与自然资源丰厚，很难以叙事性图示表述，也很难以抽象形态、当代语言表述其生长、力量等精神内核。作品《生长》位于前童古镇界面，周围有滞留性景观，可与游客近距离接触，于是作品上有古镇大事记与浅浮雕。石材与钢板、甚至金属产生的水渍痕共同产生的材料美学与人文气息历久弥新（图3-47）。

"前童三宝"的文化铺垫给后续前童的乡村建设、艺术美化定下了基调，【艺乡建】团队抓住乡村历史文脉，以查漏补缺为主，尊重原有村落肌理，以提升、强化、美化为原则，重点关注边角空间的设计。

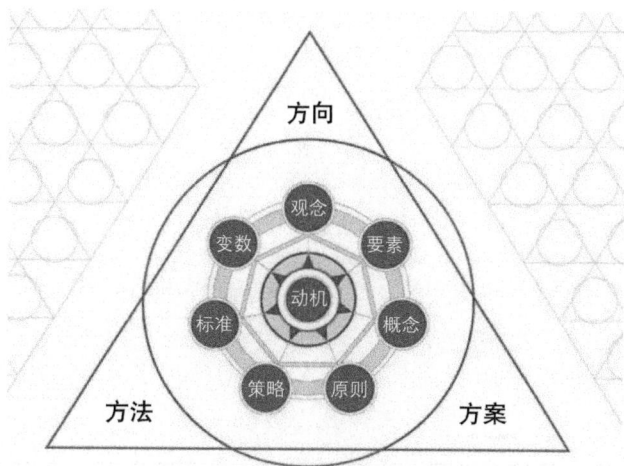

图3-44　"FOR U设计"详解

图 3-45　鼓亭（材料：金属管、氟碳喷漆、射灯；高：9 米）

图 3-46　记忆（材料：耐候钢板、卵石、瓦、射灯；高：8.5 米）

图 3-47 生长（材料：耐候钢板、石材、内置灯与射灯；高：8.2 米）

以【艺乡建】团队多次入驻的前童镇大郑村为例。大郑村由沈坑岙、下朱、山朱胡、大郑 4 个自然村组成，位于宁海县前童镇的西北部，地理位置优越。大郑村主要乡道直接与 S34 省道相接，对外交通相对便利，是前童镇区发展的重要节点村庄。大郑村拥有良好的自然山体资源，是未来镇西工业片区的重要空间载体，从区域格局的角度来看，大郑村东西连接两大重要旅游资源，即以梁皇山为主体的自然景观和以前童古镇为主体的人文景观，南部则为产业片区，也是前童镇中部旅游带的重要节点。

大郑村的美化建设走在全国前列。2006 年村庄创建全面示范小康村以来，已改造了村办公楼，完善了党员活动室、便民社区服务大厅、远程教育站、村老人协会活动场地、计生服务室、读书阅览室等场馆，建有体育健身场所 4 处。对村内主干道进行硬化，主干道硬化率达 100%，并对全村简易厕所、粪坑进行拆除整治，建好公厕 4 座。2015 年创建环境提升村，在下朱、大郑自然村进行旧村改造，对全村进行环境提升设计，改造玉带河，建造新办公楼，进行门前绿化，村庄面貌焕然一新。

1.公共艺术

大郑村最具特色的就是村口处有两棵五百多年的古樟树，两棵树下是村民休闲娱乐的地方。由于这里是人群游玩的必经之路，所以【艺乡建】团队也将这里作为改造的重点。

根据走访观察，团队发现其中一棵树经过几百年的生长，根部天然形成了木包石的景象，并以此为灵感，对另一棵樟树下的石头进行了改造——用现当代的设计语言表现了一处人为的"木包石"景观（图3-48、图3-49），与其自然景观形成了呼应，材料共生、意喻和谐。

古樟树旁是村里的一座祠堂。祠堂西山墙的顶端行云流水般写着四个大字"移天易地"（图3-50），没有落款，字迹斑驳。题字原因无从可知，也许是村民对生活富足、安居乐业的感慨，抑或是对未来生活的美好期盼。字下的墙面虽然饱含着岁月的痕迹，但整面墙略显空洞。【艺乡建】团队感叹其历史与蕴含的美好期望，决定对其进行艺术提升。经过反复的思量，为了在提升改造后又不显得突兀，我们决定用别样的方式对墙体进行"打磨"——用电钻描绘出一幅大郑八景之一"塔峰耸翠"与北宋范宽的《溪山行旅图》相结合的画面（图3-51）。

除此之外，【艺乡建】团队还对便民中心、村口、古井、素质拓展基地等全村十几处进行了更新改造，艺术升级（图3-52）。

2.激发村民内生动力

艺术振兴乡村，也要激活村庄产业振兴，让老百姓富起来。【艺乡建】团队引导村里有手艺的村民参与设计和生产文创产品。村民葛丹婷就是其中一员，她与团队成员一起设计的红色系列、玉米系列工艺文创品活泼有趣，被展示在大郑村的便民中心供人参观。在她的带动下，越来越多的巧手妇女都开始跟着她一起编织玩偶、手包、帽子等各种各样的

图3-48 【艺乡建】团队与村民共同完成作品

图 3-49 共生

图3-50 移天易地

图 3-51 【艺乡建】团队陈炯绘制《移天易地》现场

图 3-52 在这亭

文创产品（图 3-53、图 3-54）。村民葛主节作为一名经验丰富的老木匠，与【艺乡建】团队共同创作的木石作品，既有当地文化基因与精湛工艺，又与现代艺术相结合，计划2020 年 11 月在上海展出。

激发村民内生动力，除了扶持城乡艺术团队发展，开展设计下乡、艺术活动，用实际行动带动村民，也需要政府领导、当地专家积极参与。在前童镇政府的牵头带动及【艺乡建】团队的努力之下，2020 年 8 月 30 日上午，一场别开生面的"古树下话发展'艺'振兴"交流会在前童镇大郑村成功召开（图 3-55 ～图 3-57）。交流会以"艺术振兴乡村""工艺文创之路"为主题。当日下午，"两山"实践·全域旅游——艺术"话"前童主题研讨会在前童镇开展。研讨会围绕艺术如何赋能古镇工艺文创产品提档升级，艺术如何赋能古镇旅游开发和保护，艺术如何赋能广大村民参与美丽乡村建设等方面开展学术探讨与交流。众多专家及当地领导干部参加了交流会和主题研讨会。同时，研讨会还举行了"中国人民大学艺术学院工艺创想基地"揭牌仪式。通过本次座谈交流、实地指导，提升了前童古镇文创产品的附加值，打造了学、产、研一体化的校地共建工艺创想基地，集思广益，群策群力，有力助推了前童古镇国家 5A 级旅游景区创建和全域旅游示范区创建，助力了前童

图 3-53 【艺乡建】团队指导下
村民完成的作品（一）

图 3-54 【艺乡建】团队指导下
村民完成的作品（二）

图 3-55 村民动员大会

图 3-56　交流会现场

图 3-57　【艺乡建】团队创始人陈炯在交流会上接受采访

乡村全面振兴。

（三）桑洲镇的"艺术道路"

桑州镇位于浙江省宁波市宁海县西南隅，是宁波市的南大门。东连台州市三门县沙柳街道，南界台州市三门县海游街道、珠岙镇，西邻台州市天台县泳溪乡、洪畴镇，北接岔路镇、前童镇。距宁海县城 18 千米、宁波市区 84 千米、下辖 1 个居委会和 23 个村委会。桑洲镇境内多冈峦，丘陵起伏。北部有前山岗，西部有扁担岗，南部有屿南岗，东南边境有双尖山，西南边境有叉角平，海拔超过 600 米。

桑洲镇地理位置优越，交通便利，国道同三线、省道甬临线穿越南北，县道桑沙公路横贯东西，是附近 3 县 8 镇的商贸中心。历史上为台州通宁海、宁波之要口，古代设驿站。桑洲镇素有"五匠之乡"的美称，其中石匠最有名气，有"天下砌石，桑洲第一"的说法。与此同时，桑洲镇特色农业初具规模，政府利用春茶在宁波境内发芽最早的优势，实施"以茶富民"战略，着力打造"望海早茶"基地，积极走产业化经营之路，成为宁海县名茶大镇。

依托桑洲镇的历史文化与特色产业，【艺乡建】团队着力打造"艺术道路"，将桑洲镇历史遗迹、特色农业区等 13 个节点进行串联，使其产业升级，焕发更强生机（图 3-58）。

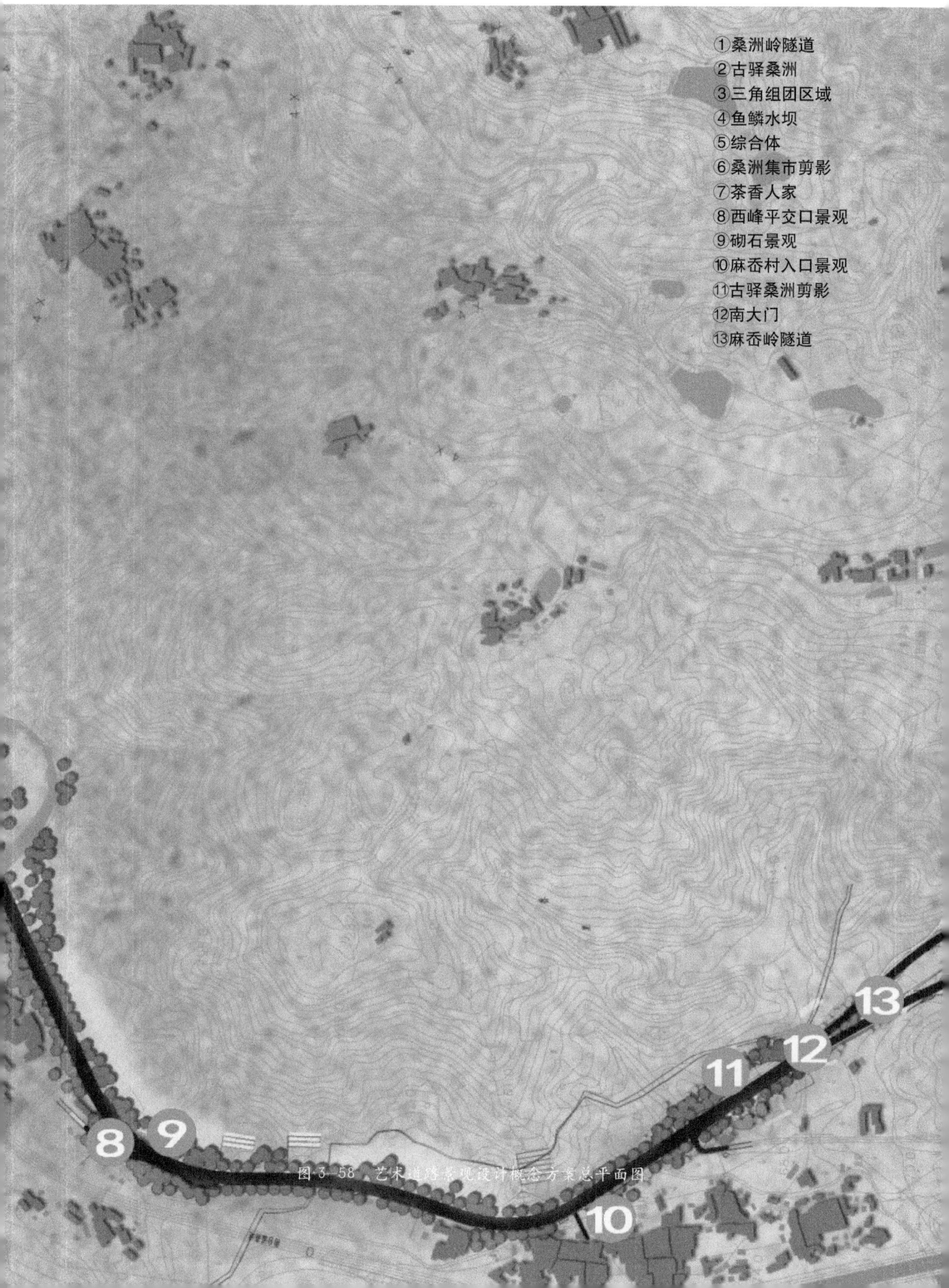

①桑洲岭隧道
②古驿桑洲
③三角组团区域
④鱼鳞水坝
⑤综合体
⑥桑洲集市剪影
⑦茶香人家
⑧西峰平交口景观
⑨砌石景观
⑩麻岙村入口景观
⑪古驿桑洲剪影
⑫南大门
⑬麻岙岭隧道

图 3-58　艺术道桥景观设计概念方案总平面图

　　"艺术道路"中13个节点各有千秋,其中三角组团区域以集市剪影形式展示老街区,同时考虑该区域为环线,在植物设置上以简洁、不遮挡视线为主。此区域临近河流,团队在清溪河下游增设鱼鳞水坝(图3-59~图3-61)。

　　河岸另一侧设驿站古今综合体(图3-62~图3-66)。桑洲古驿历史悠久,发于宋兴于明,

图3-59　集市剪影

图3-60　三角组团区域效果图

图 3-61 三角组团区域整体夜景鸟瞰图

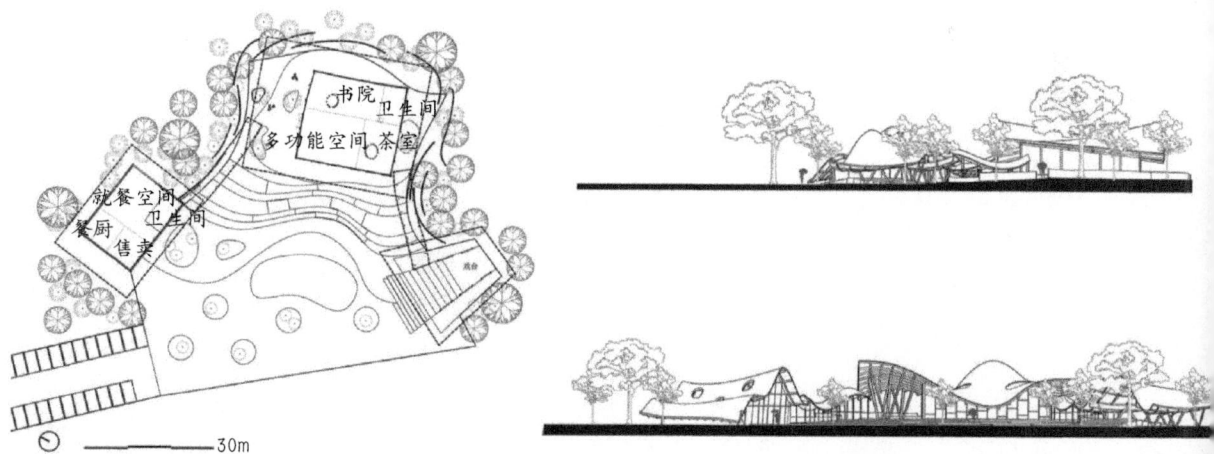

图 3-62 驿站古今综合体平面图

在当时具有休息、补给、换马的核心功能。如今虽然古驿不再，但重要的地理位置千年未变。
【艺乡建】团队挖掘历史，传承古驿的同时结合时代发展，赋予其现代作用。新驿站以新
的形象示人，增加了娱乐功能，关注和自然、人文的有机联系。中国传统建筑自古以来平
面趋同，复杂（或精妙）之处在屋顶结构与造型、单体建筑的组合方式。"驿站古今"，"古"

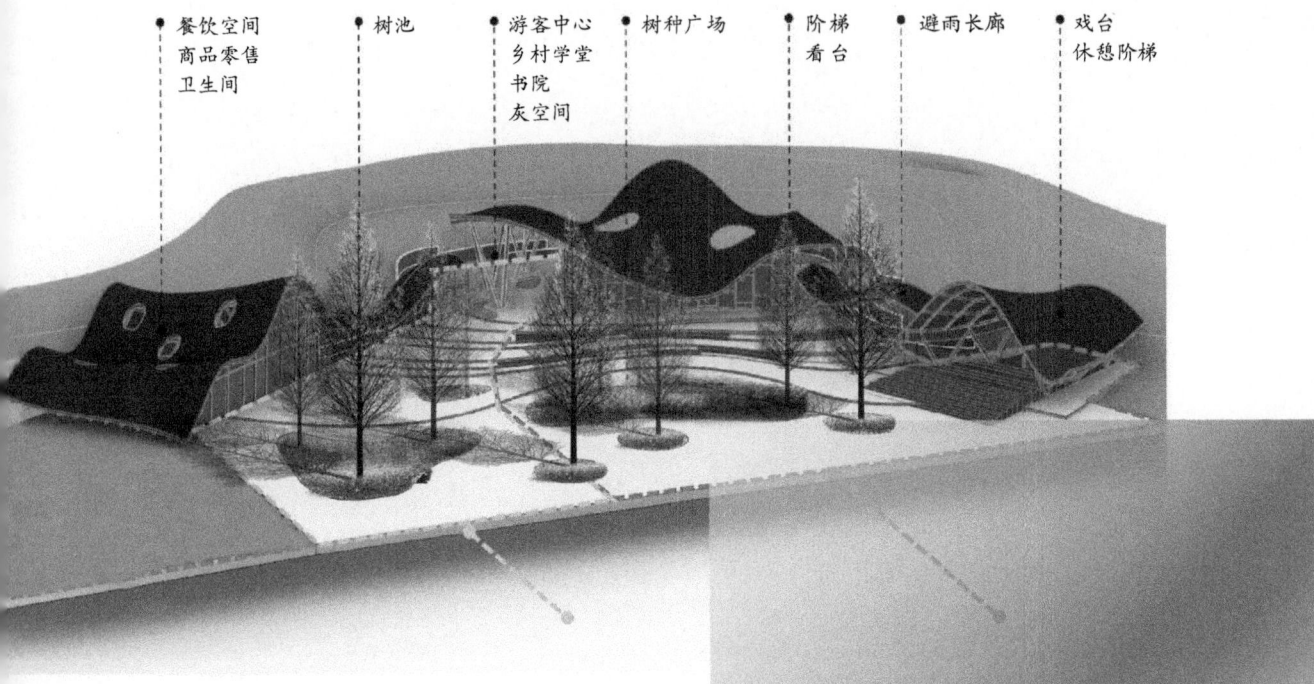

图 3-63　驿站古今可视化解读

图 3-64　驿站古今综合体效果图（一）

图 3-65 驿站古今综合体效果图（二）

图 3-66 驿站古今综合体效果图（三）

字传达出厚重、历史感；"今"即当代。新驿站设计正是在这两点基础之上向曾经的桑洲古驿致敬，非简单的中国传统符号叠加，而是入骨入髓的"新中式"。

【艺乡建】团队对"艺术道路"的13个节点进行了精心设计，其中雕塑《门》是不得不提到的精品。门自古以来就意义丰富，是切换界面的脸面，又是独立的建筑。入必由之，出必由之，将一家一户称为"门户"。古人言"宅以门户为冠带"，道出了大门具有显示形象的作用。中国的门也派生出"芝麻开门"的故事，更创造出"禹凿龙门""鲤鱼跳龙门"和"七夕天门开"等神话传说。前者反映了探索者的精神需求，后者表现了超越自我的渴望和对美好生活的企盼。

桑州镇是宁波市的南大门。以此为灵感，【艺乡建】团队从繁体字的门演化出意象造型，表述了宁海南大门界面所在。以石头砌之，雄浑厚重。在比例上，底部与顶部石块尺度渐变，形成收分，强化了透视感，在视觉上凸显出造型的高大。石块夹缝中辅以暖色灯光设计，在夜景中，犹如石缝中迸发的灯光，形成独特的视觉体验。在快速通过的道路上能够产生强烈记忆，组成桑洲艺术路结构中的强音，为桑洲品牌建设贡献了力量（图3-67～图3-70）。

（四）"全民参与"葛家村

当前设计介入乡村建设形成热潮。如果说新一轮的乡村建设较之前有什么变化，那么设计的广泛介入是这个问题的答案之一。设计所具有的问题解决与意义构建的价值优势，使其在乡村社区营造、乡土文化认同、乡村价值拓展、村落环境优化、传统文化传承、乡

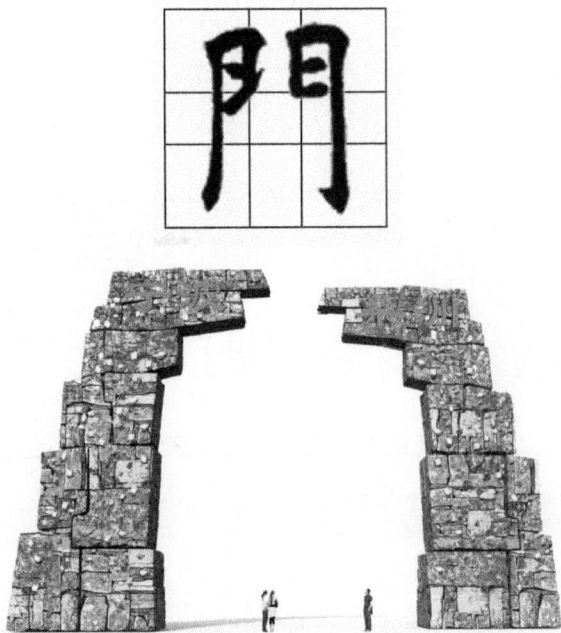

图3-67 《门》方案演变

图 3—68 《门》效果图

图 3—69 《门》夜景效果图

图 3-70 《门》鸟瞰图

村旅游开发等方面均有所贡献。但另一客观现实也不容否认：设计介入对乡村中出现的村民内生动力不足问题的关照与解决仍旧缺失，这反映出当前设计介入与乡村内生发展要求的错位。这一错位的现实要得以改善，亟须解决的关键问题是：设计如何激发村民内生发展动力。

葛家村村口装置由陈炯设计，与村民葛诗富等共同完成，就是艺术振兴乡村的具体表现（图3-71、图3-72）。

"以艺术设计为载体提高村民建设家园的积极性。"宁海县县委副书记李贵军说，我国有260多万个自然村，只有激发村民的内生动力，乡村振兴目标才能实现。葛家村的艺术改造，花钱很少，调动的村民却很多，也因此有了更多的示范意义（图3-73）。如果这个经验得以复制，中国的农村都将是浪漫、美丽的画卷。

设计激发村民内生动力，不是设计师进行设计，然后由村民制作；而是全过程以村民为主体，设计团队进行引导。该过程充分发挥设计的服务价值与赋能价值，努力达成被服务者与服务者的相互重叠。

图3-71 葛家村村口装置作品《艺术振兴乡村》

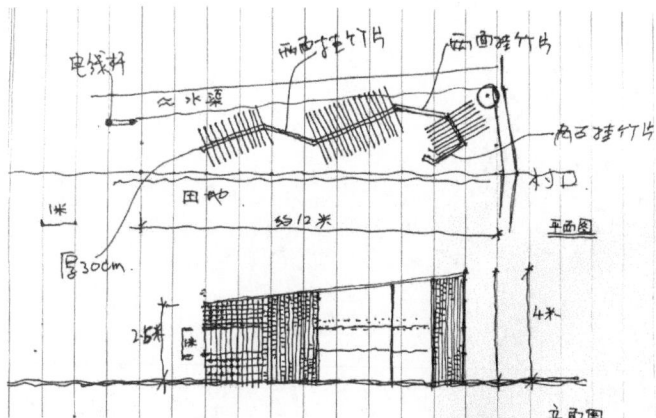

图3-72 《艺术振兴乡村》装置作品—草图

四、浙江省衢州艺术节

（一）重塑衢州品牌，文化搭台带动

衢州，地处福建、浙江、江西、安徽交界之处，是国家级历史文化名城，多次入选中国十大宜居城市，曾获得"中国特色魅力城市""中国优秀旅游城市""全国十佳生态休闲旅游城市"等荣誉称号。衢州具有明显的区位资源优势，这里位于浙江省西部，钱塘江上游，是一座具有1800多年历史的江南文化名城。南接福建南平，西连江西上饶、景德镇，北邻安徽黄山，东与省内金华、丽水、杭州三市相交。衢州旅游资源丰富，有"神奇山水，名城衢州"之称。境内有江郎山、烂柯山、龙游石窟等150多处景点，1994年被国务院命名为国家级历史文化名城，2012年、2013年连续两年入选中国十大宜居城市。2013年成

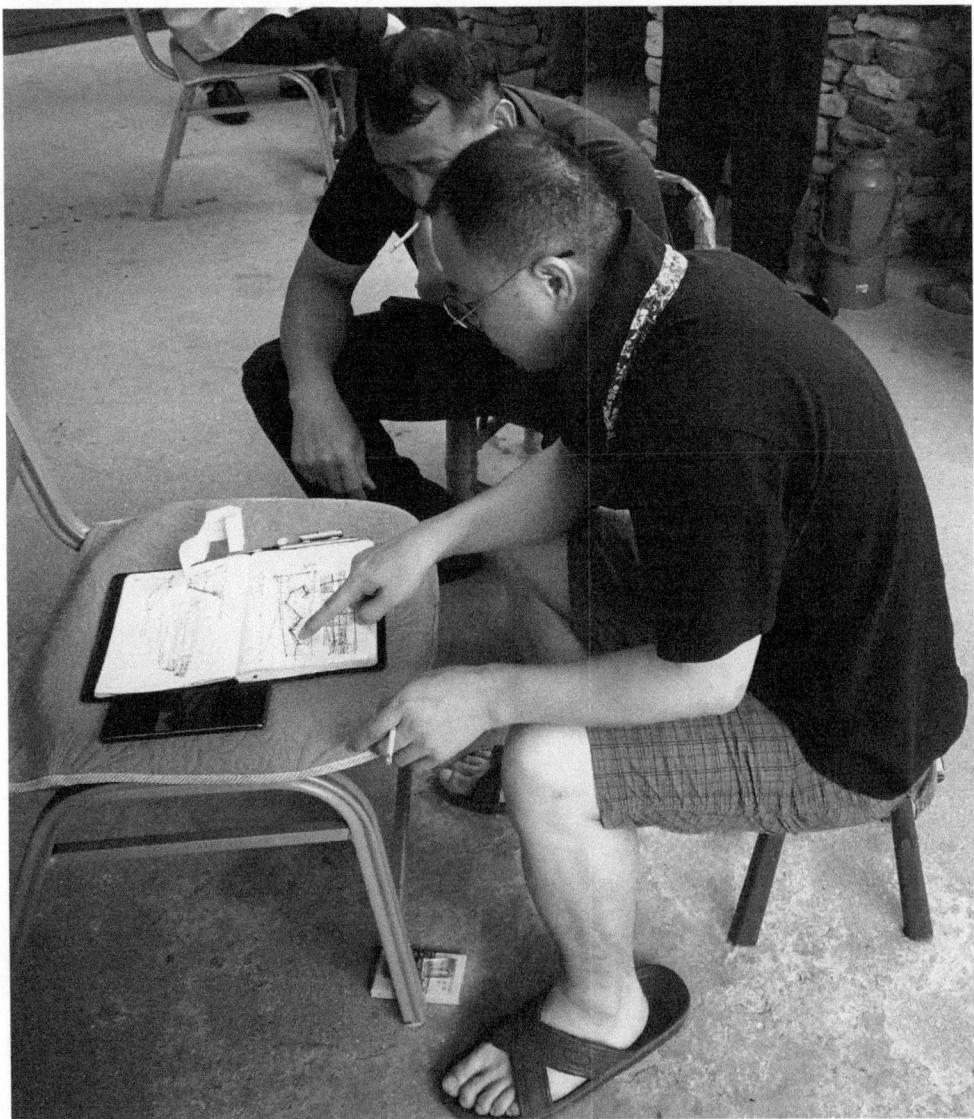

图3-73 《艺术振兴乡村》装置作品设计者陈炯与村民葛诗富商讨方案

为首批国家循环经济示范城市，是浙江省唯一上榜的地级市。

2017年中央农村工作会议指出"必须传承发展提升农耕文明，走乡村文化兴盛之路"，"必须深化农业供给侧结构性改革，走质量兴农之路"。最新的中央政策也指出：无论是美丽中国的打造、乡村振兴的实现，还是特色小镇的建设、美丽乡村的构建以及产业的转型升级，均应以当地的区域优势资源禀赋为基础，并对其进行创新性与系统化的挖掘、梳理与利用，以实现政治、经济、社会、文化和生态的和谐发展与进步。具体到衢州，就是寻找符合在地文化特色和传统的产品加以发展，构建衢州最醒目的社会标签。为达到上述目标，衢州市政府以"创新性发展、创造性转化"为指导，以整体的规划、独特的方式、系统的路径为保证，引入优势资源团队——【艺乡建】团队。

柑橘艺术节，并非简单的艺术作品展示，更区别于当下国内的各种雕塑节。柑橘艺术节从本质而言，属于公共艺术，凸显的是公共艺术的多元价值，尤为强调艺术性、文化性、社会性、经济性、系统性及体验性的多元融合。因此，柑橘艺术节的策划、设计、举办需要结构多元的优质团队才能完成。换言之，柑橘艺术节价值的实现和轰动效应的最大化需要艺术家的创造性思维、设计师的问题解决能力、规划师的合理布局、品牌与营销专家的策略、旅游专家和经济学专家的独特经济视角和产业视角等方面的高效融合。简而言之，需要社会影响力强的团队作保障。

【艺乡建】团队基于中国人民大学综合优势构建，具有丰厚的学术资源，涉及区域经济、农业经济、规划、品牌、建筑、景观、视觉传达、文创研发、营销等多个专业领域；具有良好的社会资源，如中国工商银行总行、中国美术家协会、国家一级博物馆、国家非物质文化遗产保护中心等；具有优质的媒体资源，如人民日报、新华社、消费日报等官媒，腾讯、网易、新浪、百度等大众媒体，《美术观察》《艺术评论》等专业媒体，上述媒体对其研究与项目持续关注。

【艺乡建】团队走进衢州，开办"中国衢州柑橘文化艺术节"来破题。以"艺术振兴乡村，橘业福润柯城"为主题，用文化手段重塑衢州的柑橘品牌，用艺术感染力带动乡村振兴。坚持"艺术搭台、经济唱戏"，充分利用社会各界资源，打造真正属于广大人民群众的农事节庆活动。柑橘文化艺术节正值春节长假期，吸引了大批市内外的游客和返乡人士到现场参观。市民们在柑橘文化艺术独特魅力下和春节喜庆祥和的节日氛围中感受到了传统农业产业的华丽蝶变。

选择柑橘作为衢州进行乡村振兴的突破口，不仅在于柑橘文化在衢州有着深厚的历史基础，也在于柑橘是将农业、旅游和文创进行结合的一个纽带。作为衢州柯城最主要的经济作物，地方村民对于柑橘种植行业积累的工作经验、柯城柑橘在历史上积累的声望资本、中澳柑橘风情园的契机都使得柑橘成了地方产业发展的一大优势。紧扣地方的特色产业和传统文化，对其进行创造性的发展与创新性的转化，在保留地方特色的基础上进行紧跟时代的艺术作品创作，结合当下科技，完成与人的互动，也使其真正地服务于今天人民的生活。

并通过艺术节积累柯城柑橘的品牌形象，提升区域品牌知名度与影响力，进而带动柯城及其柑橘产业的效益提升，激发经济活力，并真正惠及柯城农村、农民、农业。

（二）"橘子"的公共艺术

在本次衢州柑橘艺术节的主要布置场所，即石梁溪景观带中，根据需求，我们沿溪划分出了四个主题块区：立春作为二十四节气之始，源于衢州，以此为题将石梁溪景观带依次划分为"春源""夏华""秋实""冬泗"四大主题区，完成其时间轴的构建（图3-74）。大主题区下根据地段特色与装置作品，结合二十四节气，搭配出错落变化的小主题，延续历史与文化传承。其中包括装置艺术、交互艺术、地景艺术、艺术活动等。

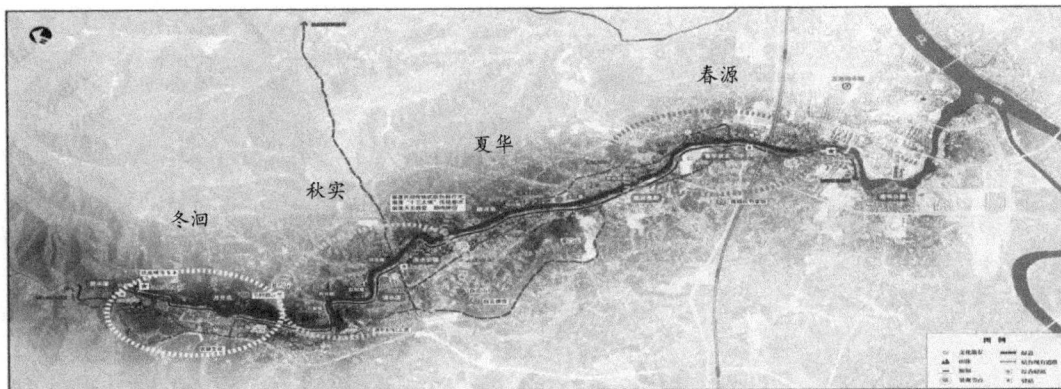

图3-74　衢州柑橘艺术节主题划分

其中以"柑橘"为媒介塑造装置作品和构筑物，打造当地文化IP，创作公共艺术作品。在艺术装置上采用橘子的橙、黄、绿为配色，顶部为橘子瓣造型。在半透明的材质上，书有论语及关于咏春的诗句，增添艺术装置的文化底蕴，也是对衢州作为南孔文化的再次表达（图3-75、图3-76）。

此次艺术节包含抽象、写实两类作品。有对主体的意向理解，也有对"一帆风顺""一飞冲天""吉祥如意""年年有鱼"等美好寓意的具体表达（图3-77、图3-78）。一个个惟妙惟肖的橘子主题雕塑像陈列在田园，立体地呈现在人们面前，29座由橘子打造的雕塑栩栩如生，让人们观赏驻足，留念拍照，形成突出的记忆点。

从整体来看，这批公共环境艺术作品以写实作品为主，间或有少量抽象风格作品。装置多以真实的衢州柑橘和胡柚固定在金属框架上，体量较大。从美学风格上看，这批作品则以民间艺术风格为主，色彩艳丽，图案直白，以黄橙两色为主，由于采用真实柑橘进行制作，工作量较大，工艺较为烦琐。这批作品与我们通常在现当代艺术语境中所见到的雕塑和大地艺术都有较大差别，具有极强的乡土气质（图3-79、图3-80）。

村民最喜欢的活动就是和柑橘雕塑进行合影，那些富有传统吉祥寓意的雕塑特别受村民喜欢，如《马到成功》《吉祥如意》等。其中，艺术节的展览作品中有一个用柑橘拼成

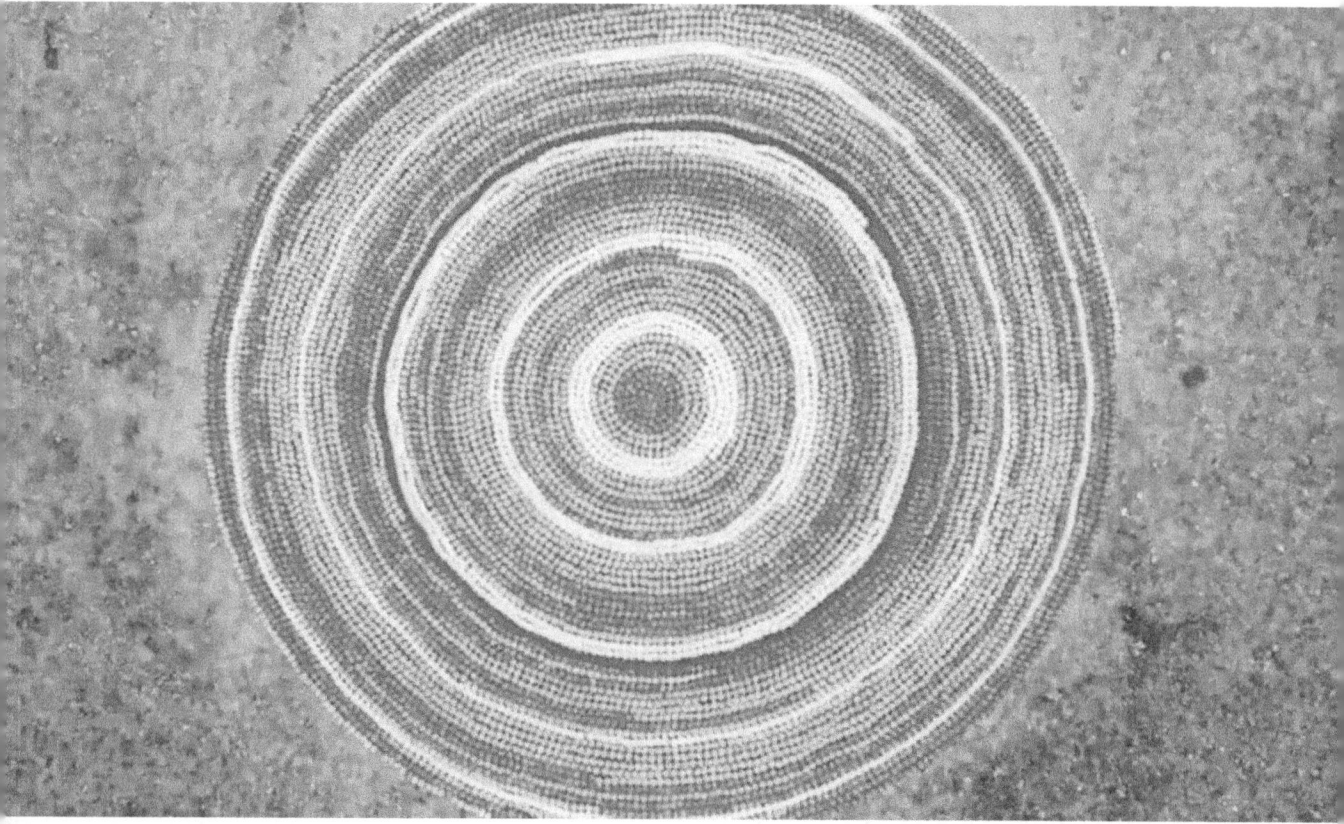

图 3-75 圆（一）

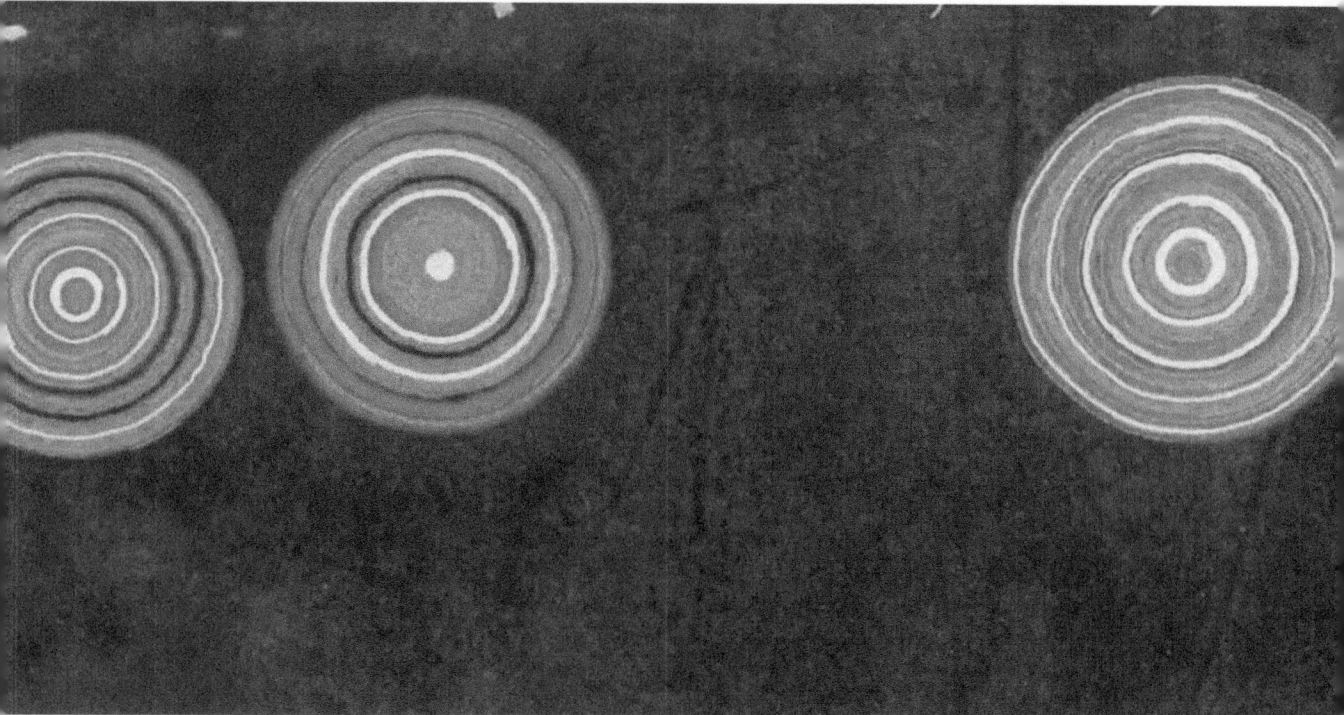

图 3-76 圆（二）

图 3-77　一飞冲天

图 3-78　年年有鱼

图 3-79　"橘"人

图 3-80　柑橘雕塑作者陈炯与《"橘"人》合影

的 4 米高的寿桃雕塑《寿比南山》，正月初七正逢石梁镇桥麦坞村冯老太百岁生日，其全家 60 多人全部来艺术节现场在寿桃雕塑前拍照留念。在艺术节祥和氛围下，为老人祝福庆生，证实了恰当的艺术作品可以对文化场的形成起到积极的催化作用。同时，衢州作为中国围棋之乡，承担文脉传承的重任，其中的衢州三子即是指的"孔子""棋子""橘子"三个典型的文化地标。在此次创作中，也注意以此提炼出文化元素加入设计之中，生动展现整个城市的魅力。

艺术节也为各界人群开展了多种可参与的活动。通过这些艺术活动极大地调动起了游客的参与性和互动性，而非把艺术束之高阁。比如"画橘子"就是在现场提供空白的橘子模型与颜料，让游客可以参与到艺术创作，并将游客的作品再反过来成为场地艺术展示的一部分；"我就是我，秀出风采"是将游客与现场艺术装置互动后留下的影像重新组合，现场布置，构成新的展示作品；这些活动实际都是对场域中参与的一次提高，增加游览者在场地中的停留时间，增加潜在的消费可能，也促进深一步印象的留存（图 3-81）。

这些适合各年龄段人群切身参与的艺术活动，持续时间长，民众参与度高，为当地带来了除传统农业之外第三产业的收入，也为当地农民提供了更多的就业机会。以衢州柑橘艺术节举办场地中的零售为例，不仅仅是场地中游客的食水提供、农民手工艺品的售卖，

图 3-81 "画橘子"活动现场

甚至周边的种植采摘等相应产业，都获得了一个不小的涨幅，乡村留守问题也得以改善，且在艺术创作中激发了村民的内生动力。

（三）衢州"柑橘艺术节"的价值

衢州柑橘艺术节的构成包括艺术作品、互动活动、视觉系统、导向系统、媒体推广、数据收集与分析，以及与中国工商银行捆绑的直接销售等。作为中国首次举办的橘子艺术节，给衢州城市品牌构建、衢州橘子产业转型、衢州橘子品牌化发展、衢州及其橘子文化的知名度与喜好度提升等方面带来强大的轰动效应，达到了预期的目的。

1.创意新

举办首届柑橘文化艺术节，可以将文化艺术与农业、旅游体验相结合，探索"柑橘＋文化＋艺术＋旅游"的产业融合新模式，把柑橘文化艺术节搭建成为多领域交流合作的大平台，以橘子为媒、以乡村为景，让更多艺术家走进乡村、帮助乡村、振兴乡村，通过举办丰富多样、好玩有趣的艺术活动，打造"柑橘之乡·美丽衢州"品牌，丰富市民、村民的精神文化生活，提升市民、村民的生活幸福指数。为此，中央电视台《焦点访谈》节目曾给予了高度评价："今年春节期间，浙江衢州乡间出现的一个柑橘雕塑园，一座座由柑橘化身而成的吉祥物，可爱又喜庆，吸引了很多游客前往参观。把柑橘从农产品变成好玩的艺术品，当地农民很会创新。他们的创新新思想中与一个新词有关：乡村振兴战略"。

2.影响大

这次柑橘艺术节运用平面、立体、网络、自媒体等手段宣传，互动性强，传播广。柯城农业嘉年华、新华网、人民网、人民日报市场报网络版等做了大量的宣传报道，中央电视台、浙江电视台节目先后播出，并不断引起连锁发酵扩散，起到了较好的宣传效果。另外，游客微信传播扩散也起到很好的宣传推介。正如游客所说：将柑橘变成艺术品，可看、可吃、可玩，还可以拍照在朋友圈卖萌。据现场保安人员观察估算，正月初一至初八，柑橘文化艺术节游客达28200人次，其中 ：初一1200人次，初二、初四各5000人次，初三7000人次，初五1000人次，初六3000人次，初七2000人次，初八4000人次。

3.可持续

20世纪90年代原衢县曾举办过两届椪柑节，以请明星唱戏、组织媒体集中采访报道为主要手段，耗资不小影响力不大。此次柑橘文化艺术节，由于创意新、雕塑视觉冲击力大，每年可按确定的展示主题挖掘橘文化，推出新型雕塑，可持续地办下去，并形成一个习俗。

4.可转化

著名的艺术节大都有各自鲜明的特色，不仅体现城市魅力，更彰显艺术节的品牌形象，达到其标志性的品牌效应。衢州柑橘文化艺术节最大的特色与优势是观众热情的参与。以"柑橘"为媒材塑造抽象、具象雕塑装置作品和构筑物，完全不限时段、尽情地展示。此类的活动既有利于促进民间艺术的发展，也有利于宣传艺术节自身的品牌化、特色化。通过连续几年的柑橘文化艺术节活动，我们完全可以把艺术节转化为风景点，办成像开化根雕博物馆一样的 5A 级风景区，常年吸引游客前来观光旅游。同时，开发相关旅游产品，包括柑橘深加工产品，利用艺术文化节，打响"衢州柑橘"品牌。

5. 促增收

通过柑橘文化品牌的建立和推广，不仅在传统农业方面增加了广大农民的收入，而且使农民能够从休闲、旅游业等三产业中获取更多经济收益。与此同时，柑橘产业链条的延伸，也为改善乡村留守问题，实现农民就近就业提供了现实可行路径。正月里城乡居民相对比较空闲，喜欢参与牌局等娱乐活动。此次艺术节，不仅给广大城乡居民增加了游玩景点，还提供了周边农民的就业机会。城西村有 7 个农户种植草莓，今年柑橘文化艺术节期间，草莓销售价达 40～45 元／斤，比常年同期每斤高出 10～15 元／斤，仍供不应求。许多农户表示，下半年要扩大草莓种植，以满足活动期间采摘游的需求（图 3-82）。

作为构建衢州橘子文化系统工程的开篇，正是源于其具有的政治、经济、社会、文化、生态的多元价值。柑橘艺术节的价值概述如下：

政治方面。是国家"美丽中国""乡村振兴"和"三农"政策的创新性践行；

经济方面。通过柑橘艺术节构建衢州城市品牌及衢州橘子的品牌形象，提升品牌知名度与影响力，塑造城市品牌与橘子品牌附加值，进而带动衢州及其橘子产业的效益提升，激发经济活力；

文化方面。对衢州文化进行挖掘、梳理，并借助艺术手段创新性地构建衢州新文化；

生态方面。艺术的手段不但没有破坏衢州的青山绿水，而且通过艺术系统的置入，还

图 3-82　柑橘艺术节为当地农民创收

可以形成自然生态与人文生态相融合的新的区域生态系统;

社会方面。构建衢州新的人文艺术环境，丰富市民、村民的文化艺术生活，提升市民、村民的生活幸福指数（图 3-83）。

柑橘艺术节是实现衢州市政治、经济、社会、文化、生态等多元价值的方式，是系统策略中的构成之一。提炼本地文化精神、文化内涵，是当代城市发展战略与取向所实施的人性化、人文化的城市美学的社会实践，目的在于促进区域品牌战略的实现，打造地缘人文的魅力指数，创造差异性吸引力的美学场所典范，实现城市空间的人文关怀和情感归向的文化自信。

柑橘艺术节经过 3～5 年的更新迭代、系统延展与创新积累，将发展成为国际知名的盛大活动和体系性的特色发展战略。在不远的将来，其对于构建衢州独有的橘子文化、创建橘子特色小镇、带动橘子产业转型升级、提升人民生活幸福指数、实现该地区的乡村振兴等方面将产生更加强大的推动作用

（四）小结

作为艺术介入乡村的优秀案例，衢州柑橘文化艺术节是利用艺术振兴乡村的有益尝试和积极探索，它通过艺术的手段，为乡村的发展提供了新的思路，即利用艺术活动的经营促进乡村文化历史的延续，并引入现代艺术来丰富乡村日益增长的物质文化需求。此类活

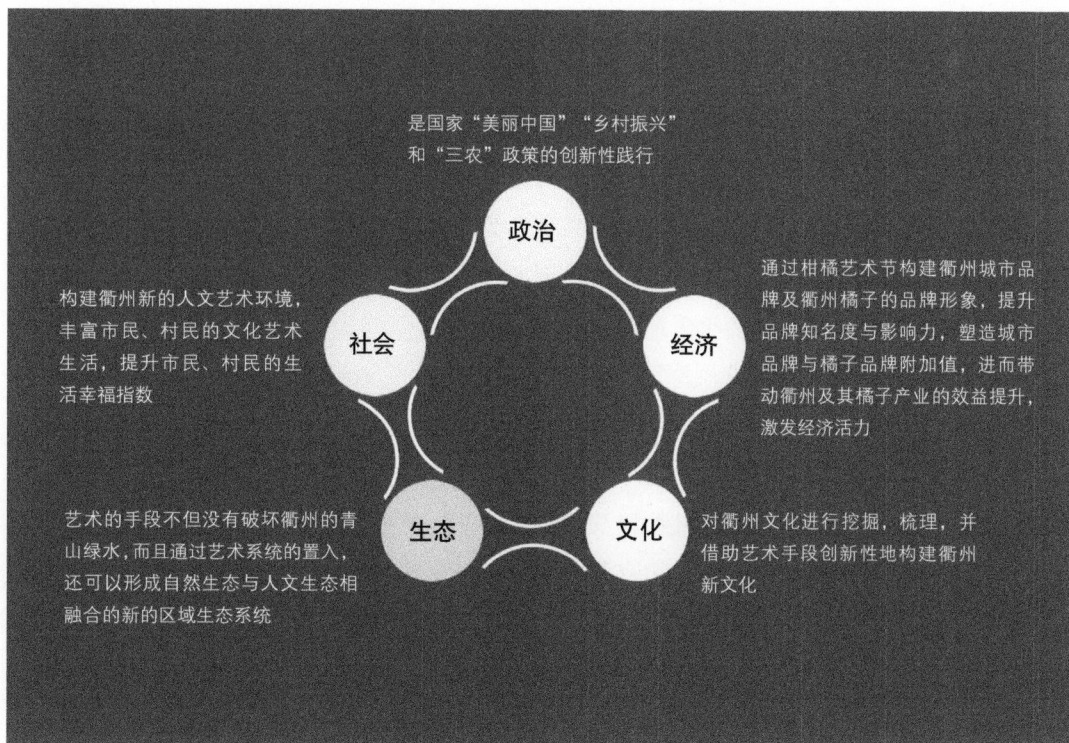

图 3-83　衢州柑橘艺术节价值

动既有利于促进民间艺术的发展，也有利于艺术节自身的品牌化、特色化宣传。同时艺术家在这一过程中也化身为引导者，激发村民对艺术的活力和热情，积极主动地展开艺术创作与探索。

虽然艺术节在实际落实中还存在相当的空间，有待完善和进一步发展，例如"柑橘"这一元素还不能完整地反映出衢州的方方面面，在图片的宣传中起不到应有的宣传效果；由于安装问题，使雕塑群显得比较零散且渺小，但相比起"柑橘文化"建设的深远意义，瑕不掩瑜。

设计介入乡村是一个漫长的实践过程，我们必须重视每一次实践，从在地经验中及时反思，敢于展望乡村社区的未来发展路径。衢州柑橘艺术节的持续开展，可以进一步推动乡村社区居民在艺术节的自发参与，通过增设民间文艺节目表演舞台，邀请村民表演节目，为村民进行自我展示提供舞台；也可以引入一些与柑橘相关的经营和展示主体，供桔农进行柑橘展览展销和优质农产品竞赛，成为展示衢州柑橘特优品种的窗口。通过持续进行品牌深耕，完全可以在未来将规范化、常态化的衢州柑橘文化艺术节和"中澳柑橘风情园"等地方特色景点加以整合，发展为旅游产品，进一步带动地方经济。

我们有理由期待衢州柑橘文化艺术节的模式能够继续走出一条富有特色的乡建之路，把环境设计和公共艺术更好地应用为乡村社区文化营造和产业升级的有效路径，从而在农产品"供给侧结构性改革"和"美丽乡村"建设的大背景下，用艺术激活产业，为乡村社区发展、特色农业发展寻找路径。

五、湖北省神农架林区八角庙

（一）艺术介入八角庙的乡村实践

神农架林区位于湖北省西北部，是中国唯一以"林区"命名的行政区划，同时也是中国首个获得联合国教科文组织人与生物圈自然保护区、世界地质公园、世界遗产三大保护制度共同录入的"三冠王"名录遗产地，在 2018 年荣获"中国天然氧吧"的称号。神农架自然资源丰富，拥有多种矿藏资源、水利资源和生物资源，同时地域民俗文化资源蕴藏丰富，神农架因华夏始祖炎帝神农氏在此架木为梯、采尝百草、救民疾夭、教民稼穑而得名。因此神农架公共艺术的整体策划也是从文化发展的源头开始，综合公共艺术地方价值的社会性与公共性，重塑在地性的乡村品牌 IP。

八角庙村是神农架松柏镇上游的一个小村庄，村落布局沿山脚依次排开，公路、田野、河流将村子划分为南北两端。这里是前往神农架景区的必经地之一，海拔较高、群山环抱、植被茂密、自然资源丰富使得此处成为松柏镇乃至湖北省难得的"避暑胜地"。国道贯穿村庄，即将建立的高铁站点也将为八角庙输送大量的旅游人群。道路、交通的功能属性不断改变着村庄的空间氛围，赋予了这里山野驿站的场所精神。

然而，村内目前仍然存在资源利用不合理、缺乏地域标识性、村民盲目跟风建设、基础设施薄弱等问题。这些问题在八角庙村长期得不到解决，对于村民来讲难以利用旅游人群增加个人收入，政府提出"鼓励发展旅游资源"的政策难以获得广泛的响应和落实。对于从松柏镇、襄阳、宜昌、武汉等周边城市来此度假的村外游客来讲，村庄除了充当通往神农架景区的中转站，仅仅提供了简单的餐饮服务，整体上"无处可留、无处可赏"，难以形成过夜经济，留住过往人群。

【艺乡建】团队自 2019 年起，曾多次入驻八角庙村进行实地考察，"两步走"对神农架林区进行乡村建设。通过挨家挨户的采访深入了解村民的基本需求，以便在整体的规划中保持每户特色、突出整体风貌。在地方上采取三步走战略，即"导流—内容—运营"。首先，通过基础设施与景观上的视觉美化提升，以及新媒体等方式宣传普及，达到吸引游客的目的。一个地方一旦有了人气，便会产生消费的可能性。游客被吸引过来，要想让其产生消费，就要有丰富的产品，这是我们所要做的"内容"。艺术可以帮助挖掘村落的潜在文化价值继而转化为新型生产力并带来直接效益。【艺乡建】主导以文创促"非遗"走向市场，以文创促原生态发展、传统手工业形成良性发展。同时，可以根据村庄环境，因地制宜发展过夜经济。在运营上，通过合理的村庄设计规划保证前两项目标的实现并健康循环。

三个环节相辅相成、同步跟进，需要村民、政府与艺术家团体通力合作，最终以改善村民经济收入、丰富村内精神生活为目的和出发点。

（二）"三步走"的实践路径

1."赏心悦目"的导流过程

乡风文明是"乡村振兴战略"的五大要求之一，艺术介入乡村不仅能改善村民经济收入，同时也能春风化雨般地改变村内精神生活。"赏心悦目"的当代乡村不仅承载着对外的引流功效，同时也有凝聚乡村内部力量、加深场域记忆、突出村庄形象的功能。公共艺术的文化凝聚、文化传播功能远比作为基础空间的聚散、驻留作用更为有效和持久。

乡村风貌的规划及建设实施是一个系统工程，既涉及宏观层面的乡村规划，中观、微观的空间设计，也涉及乡村地区传统文化的普查、挖掘、再现与活化，还涉及经济社会持续发展和制度设计。在开展乡村规划和建设时，要把握整体的秩序与节奏，强调艺术特色，也强调与周边环境相互和谐，做好村内传统文化的保护与发展，体现区域民俗文化及传统物质空间形态。

（1）公共艺术

对于八角庙村的整体规划以"快乐地赚钱"为主要思路，采用整体"欢乐明快"的情境，局部采用丰富有趣的变化形式，搭配多元的互动体验方式，创造在愉悦体验中实现营收的公共艺术空间（图 3-84）。

考虑到长久有效的发展目标，神农架八角庙村同时引进了打造神农架远山国际儿童村的长期计划。因此在设计公共艺术与规划景观的过程中，部分项目突出了以儿童、家长以

①远山律动戏台　④寻童趣栈道　⑦天天向上　⑩大手拉小手　⑬彩虹朋友　⑯翻越　　⑲氧气盒子　㉒站高高
②韵律柳树下　　⑤彩虹岛冒险　⑧童年相薄　⑪朋友转转转　⑭大地之一　⑰绿盒子民宿　⑳一地橘子　㉓彩虹亘天
③神农故事　　　⑥曲折回廊　　⑨天空之拱　⑫数格子　　　⑮动物王国　⑱听你说话　㉑蜂巢图书馆　㉔远山趣味音乐盒

图 3-84　八角庙村节点布局图

及游客三方为主的设计概念。对于儿童村，要树立远山国际儿童村的 IP 形象，同时结合儿童的审美与心理创造符合他们的游戏行为空间，通过形象与色彩搭配，来激活儿童的创造力与想象力。对于普通游客则需要达到预流、引流和传播的效果，要创造独特的视觉形象、体验空间以及优质的地方产品。因此，设计需结合理性的效益、功能、价值以及感性的艺术、文化和体验多种条件。

八角庙公共艺术的设计按照步行道行人逻辑游线划分为四个区块，分别为架木系列·入口景观、架木系列·大地上的音乐盒、架木系列·串联廊道和公共艺术方案，在这些区块内共设置了 24 个活动节点，涉及从远山、民宿到装置、景观多种视野。

神农架之名，联系着神农尝百草的传说：神农于远古时代为遍尝百草率众寻到一座高山，此处山势陡峭，森林遍野，便教先民"架木为屋、架木为梯，以避凶险、助攀缘"；八角庙村的《架木》系列景观建筑作品便以神农架的传说为设计灵感，衍生出一系列趣味横生的景观、建筑、公共艺术作品。

《架木》系列一：构建于连接村落中心广场的入口处，是整体片区的第一界面，以聚集人气、演出展览、天然流量为卖点，包含人文表演等展示功能，通过神农架主题人物雕塑形成地标性构筑物。走进路口、映入眼帘的是远山下的戏台，吸引人群的同时为村内文体活动提供场地，增加村内的场所记忆（图 3-85、图 3-86）。

《架木》系列二：远山律动戏台，延续木架构的场景，提供活动与互动的场地，以大型玩具、亲近自然、自由为卖点，打造木制架构体验功能。不仅为儿童活动提供了重要场所，同时为游客提供公共的木构凉亭，增加了与场地的互动时间（图 3-87、图 3-88）。

图 3-85 《架木》系列一方案图

图 3-86 《架木》系列一实景图

图 3—87　《架木》系列二实景图

图 3—88　《架木》系列二实景图

《架木》系列三：水上蹦蹦床，"好玩儿就是生产力"。作为架木系列的入口景观，该装置具有较高的趣味性，吸引儿童注意力，参与感较强，并且在游戏的参与过程中可以促进儿童之间的交往，提升儿童的社交能力。与水体的亲近有天然的优势，且在入口处汇聚人气（图 3-89～图 3-91）。

图 3-89 《架木》系列三方案图

图 3-90 《架木》系列三实景图（一）

3-91 《架木》系列三实景图（二）

在国际儿童村背景下的八角庙公共艺术需要考虑儿童心理逻辑，创造自发性游戏空间、社交性活动场所，同时注意培养儿童的独立性与公共意识，激发儿童的创造力和想象力。公共艺术作品下的游戏有利于培养儿童的独立性和自信心，逐步让儿童产生独立活动的意识，并明确公共场所的行为模式。通过在公共艺术作品中直接输出具有神农架地方代表特色的形象，包括非遗视觉化等方式，可以更好地激发群众对于公共艺术作品的兴趣。而更为复杂冗长的传统故事，则可在后续游客中心中以壁画、展陈等多种形式展现。公共艺术作品不断引导人们去认识神农架，自发性地进行游戏。在这个过程中，设计者潜移默化地输出了神农架的地方文化特色与知识，比起简单的说教，寓教于乐显然更为有效。在地性绝非场景化的舞台剧，视觉化也非文旅的旅游产品，而是提供给外界认识、亲近、体验、保护的场所与内容。为了展现的过程更加系统、整体，设计者采用卡通地图串联场地整体的设计思路，通过地图将整个场地的公共艺术装置串联起来，形成完整的场地总览，同时游览者可以利用卡通地图实现每个景点的"打卡"，设置游览路线与奖品，吸引游客参与互动，延长在场地的驻留时间，并通过拍照等活动形成二次传播。

（2）民宿设计

通过多家走访得知，八角庙村的多家住户都有利用旅游资源发展民宿的愿望。八角庙村的书记潘传峰在访谈中提到："客人来了，意味着这里的村民就有营生、有钱赚，村庄里的人们都有着一颗转型发展旅游产业的心。"村政府也在不断鼓励村民进行民宿升级、改建。但仍然有许多家庭存在质疑，发展民宿、转型旅游产业，是机遇也是挑战。村民的旅游发展之路的确是一种摸着石头过河的状态，面对投资和心力的劳累，每一个决定都需要深思熟虑，这是八角庙村民的心声。这里并不算是旅游胜地，但是有着一方滋养万物的好水土，蔬菜、水果、花草、药材在这里生长得格外好。利用此处资源改建民宿的几家农户由于盲目跟风改建，在土地产权不清、民宿千篇一律等方面也逐渐生出问题。

　　此次驻村八角庙，【艺乡建】团队以深入访谈为前提条件，对多家对民宿改建产生兴趣的农户进行沟通交流，了解他们的诉求后，总结归纳不同地块、不同民宿建立条件的特征。在合理合法的基础上，采用低价原材料对村民的房屋、院落进行界面升级、标志提升、空间合理规划。

　　如以蜜蜂养殖户为特色的卞光华家小院。采用原石为基础对外立面进行升级，"抓住"院墙外国道上快速行车及过往的人群，用简明、有效的视觉语言突出该家住户特点，区别于原有的广告牌式的宣传模式（图3-92）。

图 3-92　卞家外墙效果图

如以餐饮民宿为主要方向的潘家小院。院落除自家使用以外，意图打造集餐饮、住宿、销售于一体的多功能小院。目前院内面临房屋扩建、铺装老化、设施混杂、视觉形象不突出等问题。经过实地考察，多次与户主沟通，决定项目一期以整合院内视觉元素、树立标志形象为目的对小院进行视觉提升改造。削弱院内混杂的装饰手法，以统一的混凝土卵石铺设边角，整修造景花坛。就地取材打造墙面装饰，丰富空间立面（图3-93）。

针对学校附近屈家院内空间错落有致、花园已基本成型的情况，通过木材的简易搭建对室内进行美化，增加民宿的可滞留性。保留花坛、家禽养殖的生活记忆，利用木构框架加强空间进深效果，同时配以绿植，突出亮点（图3-94）。

2.激发村民内生动力

通过公共艺术、景观设计、空间改造等多种艺术手段对外来人群进行"导流"，通过打造"赏心悦目"的系统节点让游客有景可赏、有处可留。在此基础上【艺乡建】团队进一步通过激发村民内生动力，鼓励村民发挥自身特长，打破传统观念，多角度、多途径打造自己的文创产品、文化IP。配合村内不断增加的娱乐设施增加过夜经济、长期租住带来的经济效益，鼓励村内把握交通便利、客流量大的基础优势，突破"餐饮、采摘、农产品输出"的单一形式。

图3-93　潘家院内效果图

图 3-94 屈家院内效果图

【艺乡建】通过提供创新发展计划，激发新农村内生发展活力，从"输血"到"自我造血"，促进村社生产发展、生活富裕、生态文明，从而实现农村社区的革新与进步。

赋能：利用艺术创意渗透性强、关联性强等优势，与乡村一二三产业融合发展，提升乡村产业附加值。充分利用乡村的区位、交通、人文和经济优势，注重品牌建设，精心打造乡村文化名片。通过实施文化品牌建设工程，塑造乡村艺术特色形象，彰显乡村文化魅力，显现品牌文化效益（图 3-95）。

扶智：大力培育以社会主义核心价值体系为灵魂、以乡村优秀历史文化为底蕴、以艺术创意创新为特征的新时期乡村人文精神，把核心价值体系贯穿于国民艺术教育全过程。扶持城乡群众业余艺术团队发展，开展设计下乡、艺术活动；积极探索农村艺术集市、新型农村艺术学校建设；引进和自办大型艺术节会活动，重点扶持传统节会和会展文化；大力开展群众性艺术活动，不断增强市民艺术和审美意识。倡导艺术创作本土化，扶持艺术工作者"写乡村、唱乡村、画乡村、塑乡村、影乡村、舞乡村"，推出一批引领先进文化方向、反映时代精神、具有较高水准的精品力作（图 3-96 ～ 图 3-100）。

同时以神农架原始森林林区为背景，采用对神农架多样林木物种的辨认与讲解的方式，发展手工木艺，进行科普教育，强调保护原始森林的重要性。不同往来人群亦可在公共艺术空间中进行手工体验。针对儿童村内的活动也可与当地果酒、果醋产业联动，引导参观材料的生产加工流程、了解基础学科知识。在儿童体会过手工 DIY 材料之后，针对废料再利用、环保等问题展开讨论，完成研学旅游线路构架。

图 3-95　八角庙艺术振兴乡村座谈会现场

图 3-96　与村民沟通创新成果

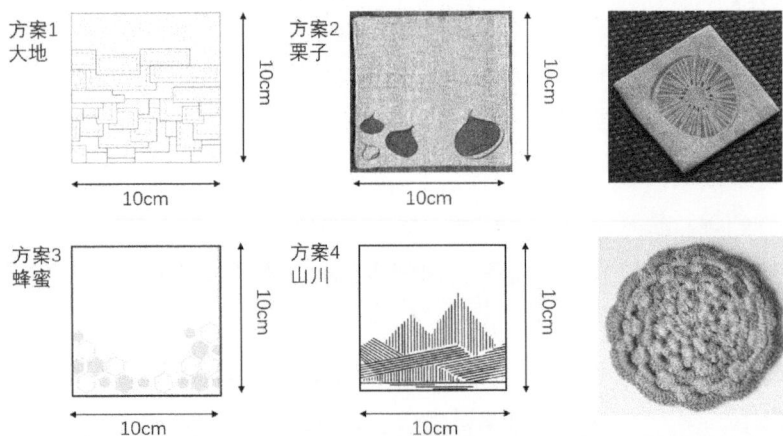

图 3-97　为村民提供设计方案

图 3-98 与村民共同创作

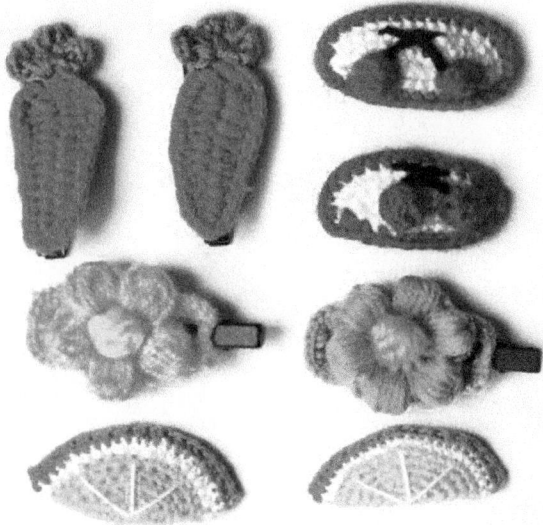

图 3-99 村民创作成果（一）

图 3-100 村民创作成果（二）

（三）小结

　　【艺乡建】倡导的艺术振兴乡村过程，以国际化视野和开放性思维，深入挖掘历史文化资源，促进文化与经济的融合，以艺术为抓手，大力推进"艺术特色"方向建设，创造乡村振兴的"艺术特色"文化优势，尤为注重培养本地化的中坚力量，这能够使【艺乡建】与当地的特色更好地相结合，抢占乡村发展的制高点，形成强大的文化创新力、文化竞争力和文化凝聚力。同时，艺术要发挥社会价值，解决社会问题。村民是村庄的主体，乡村建设的首要任务是村民主体性建设，其重点是村社共同体建设。

　　针对神农架八角庙村的驻村设计，还需要经过进一步深入与不断实践。针对此类拥有丰富旅游资源、村民希望迫切发展的地区，需要艺术层层递进地展开柔性介入。在政府大力支持、村民积极配合、艺术家以社会担当为基础的三方合作下，乡建的工作得以顺利展开。一方面需要创造品牌以此导流人群、吸引人群、留住人群，最终增加村庄的"黏性"，让村民获得更多的营收机会 ；另一方面不能忽视村民自身的多方发展，创造可能性，寻求幸福感和满足感。以此促进乡风文明建设，构建社会和谐。

结 语

一、我国乡村目前面临的几个问题

笔者近年致力于乡村振兴工作，深入中国乡村上千余次，包括富裕地区、贫困地区以及少数民族地区。富裕的乡村考虑的是升级问题；贫困的乡村考虑的是生存和生活问题。这些复杂的问题能否通过一种方法得到改观？

在城市化进程中，村民之间的关联度越来越低，集体意识逐渐退化。村民更多关注自身利益，邻里之间矛盾增多，村民与村干部间信任度降低，人情关系疏离。村民主体意识的弱化，导致了村民对于村子发展的自身责任和公共服务观念弱化，催生"干部干，村民看""等、靠、要"的思想。很多村民把乡村振兴工作看成是政府的事而不是自己的事，这对乡村振兴工作极为不利。

除了人际间的矛盾，根据笔者的调研，农村问题还包括：产业单一、环境失衡、文化断层这几个方面。

在当前的乡村振兴中，我们在多个方面开展了大量工作，并取得良好成效。但有一现实问题不能被忽视：村民的主体意识、积极性、创造力没有得到很好的提升，同时，农民收入受产业单一的限制，增长乏力。

二、艺术如何解决乡村问题

艺术振兴乡村的重点不仅是简单地对乡村进行美化，而是激发乡村内生动力，增加农民收入，实现有效治理。通过艺术的手段，统筹推进农村经济建设、政治建设、文化建设、社会建设、生态文明建设和党的建设，加快推进乡村治理体系和治理能力现代化，加快推进农业农村现代化，走中国特色社会主义乡村振兴道路。

以设计为手段，以村民参与为保障，坚持"服务"和"赋能"两条腿走路，将村庄的集体资源和村民的个人资源进行重新建构，既关注物的"创造"，又重视人的"塑造"，既关注乡村环境、生态、经济、文化、社会等优化的服务型设计，也聚焦村民能力拓展的赋能型设计，借助设计观念、设计思维、设计方法、设计文化让村民行动起来、参与进来，与村民共商、共议、共创、共做。

在实践中，笔者发现，不同的艺术形式能够针对性地解决不同的乡村问题。

（一）公共艺术——激发村民内生动力

在调研中我们发现，不少乡村还存在人与人之间的矛盾。比如：干群矛盾、邻里矛盾、族群矛盾等人际阻滞现象。疏通人与人的关系是治理乡村的前提条件，因此，我们首先通过公共艺术创作着力解决了这个首要问题。

具有开放、公开特质的、由公众自由参与和认同的公共性空间称为公共空间，而公共艺术所指的正是这种公共开放空间中的艺术创作与相应的环境设计。在实践中，我们重视村民的参与度，甚至让村民成为主要创作者，让渡给予村民一定权力，专家、设计师起到指导作用。一个原本"高大上"的与他们生活并不密切的艺术品，通过他们的双手被创造出来，不同的村民在共同创作、维护的过程中，必然会为了这件共同的"荣誉"达成合作或者相互妥协。村民通过交往活动来加强联络，进而增进村民之间的感情以及对村落的情感归属。在人与人之间就艺术形成共识的时候，则是人际关系疏通的开始。由于闲暇的时间大部分用来进行作品的构思、制作，村民打牌等不良嗜好也相应减少。

实际上，公共艺术也是对乡村、村民的情感的体悟与关照，通过公共参与、深度访谈、持续对话等方式共同建设和提振乡村居民的自信、自尊。艺术还是潜移默化的，其作为抓手可以增加村民间凝聚力实现自我建设。

以浙江省宁海县葛家村为例。中国人民大学艺术学院的【艺乡建】团队，从 2019 年 4 月起三进葛家村，和村民一起就地取材，因地制宜，打造出"人大"椅、千年画廊、仙绒美术馆、桂知苑等四十多个共享艺术空间。村民利用村中、家里现成的材料，如石块、毛竹、干草和废旧衣物等，全程参与定位、设计、实施。结果是村容村貌被改善，成品还可用来销售；村民的艺术创造能力被提升，葛家村成了以融合设计开启"艺术振兴乡村"模式的典型。26 天的成果，吸引了两万余人前来参观。值得注意的是，以艺术的方式介入乡村的过程中，村民从质疑到主动深度参与，村民内生动力被激发，公共艺术在乡风文明建设上起到了独特的作用。艺术还取得了化解人与人之间的矛盾甚至社会矛盾的作用。如村民把原本两家归属不明的地块让出共同打造、维护公共艺术空间，从原来的对头变成了伙伴；为了维护村中的公共艺术作品，村民从原来对于公共领域的事物不闻不问，到开始主动进行垃圾分类，关心村中的大小事宜。

（二）"农创"——提高农民收入

"农创"顾名思义：基于农村传统的农产品、手工产品、非遗技艺与创意产品的结合，通过对产品的视觉化体系、功能的重塑，从而增加农产品、手工产品的附加值，能够拉长农产品、传统手工业产品的产业链，改变农村产业单一的情况。

当前，依靠传统的农村业态很难实现产业兴旺，同时，重资本的投入并不能普遍适用，而且村民直接获利相对较少。那么，在农村现有的基础上实现产业兴旺，切实可行的做法就是拉长产业链、增加产品附加值。对传统农村产业、产品的系统性设计，有助于品牌形象的打造，有助于提高传统产业的价值。

以湖北孝昌县王店镇樊家湾为研究对象，【艺乡建】基于村落的地理、历史等背景进行创作。樊家湾村民在 20 世纪 80 年代末之前以打石磨为生，但随着社会经济的发展，石磨失去了存在的价值。村里为了寻求新的产业机遇，引进资本兴建石矿，破坏了原有的生态。笔者带领【艺乡建】团队在此创作了系列文创产品，如石材打造的茶台、茶具，特色杯垫、坐垫，还有经过绘画处理的石头等。在当地，山、石、石匠、石艺还在，通过艺术设计能有效提高附加值。传统技艺保留下来，村民增加了收入，同时也保护了生态环境。我们还组织当地村民一起创作，通过简单的工艺和图案制作出坐垫、杯垫或石头工艺品，避免了农闲时大量村民赋闲在家，聚集在一起打麻将等旧习，从而提高凝聚力。村民能制作，游客可参与，增加了旅游的体验环节。【艺乡建】进驻建设前，山村年游客量在 800 人左右，建设后年游客量在 8000 人以上，游客量同比增长了 9 倍。未建设前人均纯收入 4660 元，建设后人均纯收入达到了 8000 元，几乎翻了一番。

（三）艺术市集、民宿、艺术节——农村新业态

文旅 3.0 时代，消费升级，迎来更高层次的心灵之旅，文化内需形成新的产业导向。一方面，文旅融合发展以新业态、新方式吸引更多游客前来体验、体悟，形成消费市场的循环；另一方面，新业态产品艺术附加值提高促进消费市场的增长，农民收入的增加，吸引村民返乡、新村民入驻。

对于环境失衡、"两山"转化率低的乡村，应该从文旅 3.0 中找到解决方法。摒弃高耗能、环境不友好的产业，用艺术的手段修补已经被破坏的风貌，同时挖掘在地文化，打造体验消费等可持续发展的业态，让绿水青山真正变成金山银山。

文旅 3.0 的重点是挖掘在地文化基因，重塑地方文化 IP。文旅 3.0 的内容包括艺术市集、民宿、艺术节等。艺术市集、艺术节以农民为主体，即"农民制造"，强化农民的内生动力，改变过去的"等靠要"，通过培育村民的内生发展能力，唤醒村民的自信心和自我发展意识，激发村民参与的积极性、主动性和潜藏的创造力，从而实现真正的可持续发展。

（四）村博馆、文化书院——弥补文化断层

村博馆、文化书院的建设能够解决乡村文化断层的问题。

留住历史、记住乡愁。挖掘、整理和传承民风乡俗、乡约村规家训，弘扬传统民族文化，是村博馆承载的重要工作，也是加强社会主义精神文明建设，构建现代公共文化服务体系和文化产业体系的内容之一。

建立村博馆能够让村民知晓自己家乡的发展史，调动村民富而思进的积极性，描述这片土地的发展轨迹，折射村子的发展变迁。挖掘、保护和弘扬民间文化，一方面是把往昔的点点滴滴捡回来，留住大家的记忆；另一方面发挥农村基层党组织战斗堡垒作用，促进社会和谐。以村博馆为载体，将抽象的道理、生硬的说教转化为群众身边喜闻乐见的生动事例，赋予其蓬勃的生命力、生动的感染力和强烈的震撼力，将经济建设和现代文化内容具体化、生动化，依托载体进行宣传。

三、艺术振兴乡村的政策建议

（一）政府部门应把艺术作为精准扶贫和有效治理的手段之一

目前，乡村的管理者仍没有认识到艺术之于乡村的现实意义和作用。艺术对乡村的建设，实际上，不是单维度从艺术到艺术、从设计到设计，而是以艺术为抓手，服务于乡村振兴五大任务。这里"艺术"是一个外延广阔的概念：不仅是美术馆里的艺术，也不仅是在农村栽花种草，其更关注社会价值和现实需要，实质是根植于乡村的服务体系。因此，笔者呼吁，政府部门应把艺术作为精准扶贫和有效治理的手段之一。

（二）列入政府工作规划

目前，艺术振兴乡村的重要性还没有被认识到，甚至被忽视，因此艺术振兴乡村难以发挥长效作用。为了保证艺术振兴乡村能够切实解决乡村问题，实现乡村的有效治理，把艺术振兴乡村列入政府规划势在必行。成立具有统筹、协调其他部门以及执行能力的专业部门。

（三）成立专门的职能部门

由于艺术振兴乡村的工作涉及农业以及文教体等诸多部门，在管理与工作中存在多头管理、管理空白等现象。因此，为了更好地开展工作，有必要成立专门的职能部门。

（四）调拨专项资金，激发农民积极性

艺术振兴乡村主体是村民，受益的是"三农"。保证农民的参与需要一定资金支持，同时，一系列艺术手段的落实也必须有资金做保障。因此，艺术振兴乡村的顺利实施必须有制度和资金两方面的条件。

参考文献

[1] 洪健. 加强乡村文化建设的思考 [J]. 新农村，2014(5)：11-12.

[2] 雅各布斯. 美国大城市的死与生 [M]. 金衡山，译. 南京：译林出版社，2006.

[3] 卢健松，刘雅平，魏春雨. 当代公共艺术与乡村人居环境的自组织发展 [J]. 中外建筑，2012(10)：42-45.

[4] 王方圆. 基于文化自信视角下对公共艺术激活乡村环境的研究 [J]. 设计，2017(22)：106-107.

[5] 尚莹莹. 从"碧山计划"窥探我国艺术介入乡村建设现状 [J]. 美与时代：城市，2015(8)：10-13.

[6] 中共中央办公厅、国务院办公厅印发的《关于加强和改进乡村治理的指导意见》单行本 [M]. 北京：人民出版社出版，2019.

[7] 费孝通. 乡土中国 [M]. 北京：生活·读书·新知三联书店，2013.

[8] 布迪厄. 实践与反思：反思社会学导引 [M]. 李猛，李康，译. 北京：中央编译出版社，2004：34.

[9] 佟玉权. 农村非物质文化遗产的传承环境探析 [J]. 西南民族大学学报（人文社科版），2010(9)：153-157.

[10] 邓洪波. 中国书院的类型与等级 [J]. 华夏文化，2000,(4):47-48.

[11] 谭英，胡玉鑫. "家文化"建设与乡村振兴实践探索 [J]. 西北农林科技大学学报（社会科学版），2018(4):43-47.

[12] 方舒丽. 浙江传统书院的园林环境研究 [D]. 杭州：浙江农林大学，2015：55.

[13] 陈金陵，刘听辉. 论我国书院与当代大学文化教育及建筑环境 [J]. 湖南工程学院学报（自然科学版），2006(2)：88-91.

[14] 肖胜和，方躬勇，李健 ."耕读文化"的旅游开发利用研究——以浙江楠溪江流域古村落为例 [J]. 资源开发与市场，2007(4)：366-368.

[15] 陆自荣，潘攀 . 象征性规制：文化整合的实质 [J]. 湖南科技大学学报（社会科学版），2012，15(1)：37-42.

[16] 廖晓义 . 振兴乡村的关键是振兴中国精神——梁漱溟新中国文化之路的当代意义 [J]. 决策与信息，2018(9)：29-43.

[17] 赵呈晨 . 文化协商：代际沟通视角下的网络语言传播研究 [J]. 中国青年研究，2018(11)：90-97.

[18] 樊树志 . 江南市镇：传统的变迁 [M]. 上海：复旦大学出版社，2005.

[19] 史建云，徐秀丽 . 中国农村的市场和社会结构 [M]. 北京：中国社会科学出版社 ,1998.

[20] 隋艳晖 . 城市化进程中传统乡村集市文化的景观重构研究 [J]. 山东省自然科学青年基金项目，2016，1000.

[21] Jacob Nico, Saieh. 鹿特丹公寓市集 [J]. 设计，2015(5)：16-17.

[22] 施坚雅 . 中国农村的市场和社会结构 [M]. 史建云，译 . 北京：中国社会科学出版社，1998.

[23] 龚小凡 . 创意市集：民间创意力量的集合地——北京创意市集考察 [M]. 北京：九州出版社，2013.

[24] 张皓月 . 落寞市集：西南农村市集文化研究——基于铜梁民兴市集的田野调查 [D]. 西安：陕西师范大学，2018：29.

[25] 王慧敏 . 文化创意小镇的发展路径研究 [J]. 天津社会科学 . 2014(5)，82-86.

[26] 张静 . 基于产业集群理论的区域品牌培育研究 [D]. 石家庄：河北经贸大学，2008.

[27] Iversen M, L E Hem.Provenance Associations as Core Values of Place Umbrella Brands: A Framework of Characteristics[J].European Journal of Marketing, 2008, 42(5/6)：603-626.

[28] 孙丽辉，毕楠，李阳，孙领 . 国外区域品牌化理论研究进展探析 [J]. 外国经济与管理 .2009(2)，40-49.

[29] 赵军，邢明军 . 区域品牌：一个特指"产业集群"的品牌概念 [J]. 河北学刊 .2008(9)，237-240.

[30] 张晓山 . 新常态下农业和农村发展面临的机遇和挑战 [J]. 学习与探索，2015，(3)：1.

[31] 罗家德 . 我们应该怎样做乡村建设 [J]. 商界评论，2014(4)：45.

[32] 陈毓璟 . 小区健康营造推动现况与推动者概念之研究 [D]. 台北：台湾师范大学，2003：39.

[33] 闫涛 . 社区营造对"过疏化"背景下传统村落发展的启示——以土沟村和白米社区为例 [J]. 度假旅游，2019(2):47-49.

[34] 蔡静诚，熊琳 . 从再造空间到再造共同体：社区营造的实践逻辑 [J]. 华南理工大学

学报（社会科学版），2019，21(2)：58-65.

[35] 纪律．巩淼森．社会创新视角下社区营造的设计策略 [J]．包装工程，2019，40(6)：282-286.

[36] 陈炯．设计生产力 [M]．北京：中国纺织出版社，2019：56-61.

[37] 刘晓春．日本、中国台湾的"社区营造"对新型城镇化建设过程中非遗保护的启示 [J]．民俗研究，2014(5)：5-12.

[38] 徐启贤．以台湾原住民文化为例探讨文化产品设计的转换运用 [D]．桃园：长庚大学工业设计研究所，2004.

[39] 厉无畏，王慧敏．创意产业新论 [M]．上海：东方出版中心，2009.

[40] 金元浦．我国文化创意产业发展的三个阶段和三种模式 [J]．中国地质大学学报，2010(1)：21-24.

[41] 爱德华·泰勒．原始文化 [M]．桂林：广西师范大学出版社，2005.

[42] 李阳．中国非物质文化遗产保护的理论与实践 [J]．文化学刊，2008(6).16-26.

[43] 李俊霞．我国非物质文化遗产保护工作的实践与探讨 [J]．西北民族大学学报（哲学社会科学版），2010(4)：142-147.

[44] 凌照，周耀林．我国非物质文化遗产保护政策的推进 [J]．忻州师范学院学报，2011(6)：117-121.

[45] 余悦．非物质文化遗产研究的十年回顾与理性思考 [J]．江西社会科学，2010(9)：7-20.

[46] 李富祥．非物质文化遗产保护与文化自觉——对于当下非物质文化遗产保护的反思 [J]．四川教育学院学报，2011(12)：37-41.

[47] 陈风．浅谈贵州苗族刺绣的文化内涵 [J]．贵阳学院学报（社会科学版），2009(1)：27-29.

附录

衢州艺术节采访

附录1：对丛志强教授的访谈

采访人：孟垚（以下简称"孟"），本文作者，中国人民大学艺术学院本科生

受访人：丛志强（以下简称"丛"），中国人民大学艺术学院视觉传达专业教师，曾参与【艺乡建】主办的衢州柑橘文化艺术节等多个设计项目

采访地点：中国人民大学艺术学院

采访时间：2019 年 2 月 18 日

孟：丛老师您好，我从相关资料中了解到您近年来一直围绕"乡建"这一主题进行设计实践，能否以一个设计师的角度谈一下设计是如何介入乡村的呢？

丛：作为一个设计师，我所关注的是这些话题：艺术如何介入乡村社区营造？设计与乡村的人居环境的关系是什么？设计和产业的关系是怎样的？由此出发，我最近在思考的具体问题是：在乡建中，设计是如何激发乡村和村民的内生动力的？所谓"内生动力"，讨论的不是具体的设计产品，而是设计主体的问题。

孟："内生动力"是指通过设计去启发村民自己发展农村吗？

丛：我所探讨的"内生动力"强调乡建的主体应该是当地人，设计是培育当地人，去激发他们建设家乡的手段。中国农村的文化场域有更大的资源供设计师去挖掘。另外，为了谁设计？这些设计从长远来看能否真正服务于村民？这些将决定艺术介入乡村的立场和有效性。

孟：我了解到您最近参与设计的"衢州柑橘艺术节"就是一个不错的艺术介入乡村的案例，您可否结合这个案例谈一下艺术是如何介入村民的生活的呢？

丛：柑橘文化艺术节的筹办确实直接影响了当地村民的生活状态，举例来说：第一点，艺术节筹办期间正赶上春节假期，节假日正是当地村民的农闲，所以不少村民就自愿以较少的工资来参与到挂橘子这类劳动中。其中，当地的乡贤对于动员和管理村民起到了非常关键的作用。而且，从另一个角度来说，村民的自发参与也帮助艺术节的筹办节省了成本，因为假期里年轻工人不太好找，而且节假日的工资成本也有所上涨。但是，第二点，从安保上来说，这次艺术节不只是雇佣了保安，农办的政府工作人员和村民志愿者也自发参与活动的安保工作。可以说，村民对作品的高参与度，也使大家更有热情去维护自己的劳动成果。第三点，作为艺术节的核心作品，柑橘主题的公共艺术和雕塑的呈现形式受到了村民的热情欢迎，创造过程也受到了村民的热心帮助。尽管实际上这些作品的技术含量要大于设计含量，但和村民形成了很好的互动。

孟：的确，我从新闻了解到村民对于参与这些柑橘公共艺术的热情很高，设计和村民形成了很好的互动。但是我也注意到，这里面的很多最终展品和我们平时在艺术节或者公共艺术展所见到的作品不太一样，有些非常乡土，这是刻意去迎合村民的需要吗？

丛：我理解你的疑惑，但这些柑橘艺术品所最终呈现的样貌肯定不仅是为了迎合村民的需求。作为一个设计师，你能为乡村社会做些什么？我觉得艺术介入乡村首先需要明确给谁做，之后，就需要明确艺术进村的"区域半径"。这涉及横向问题：如何让村民接受艺术？也涉及纵向问题、历时性问题：如何通过艺术逐渐提升村民的生活品质和审美感知？当然，这里不能用力过猛，设计师不能放弃美育和引导，也不能一下子去强加自己的审美到乡村社会，这样反而会造成村民和艺术的疏远。

孟：那具体来说是如何选择这些设计方案的呢？

丛：实际上，这些作品确实不同于以往精英主导的艺术进村，而是体现了一种设计师和乡村的协商。【艺乡建】团队为艺术节设计了七十多个柑橘艺术装置和雕塑方案拿来给村委会、乡镇机关工作人员挑选，最后由他们从中选出二十多个方案。我们设想的原则是，不要去强制村民接受我们包办的方案，而是尽可能做到 70% ~ 80% 适应当地乡村的审美，最后保留 20% ~ 30% 作为艺术上的引领。实际上，方案里面有不少也是按照我们平常接触到的现代艺术的风格进行设计的，只是当地村民的确几乎没有去选择这类作品。其实如果细看这些柑橘做的公共艺术，里面不只是有一些大象、红船这样外形直观的作品，也是有一些比较现代的装置，这些虽然不多，但还是我们费了不少劲去争取来的。毕竟，艺术节除了注重参与性和娱乐性，也需要对村民审美进行潜移默化的引导、熏陶。

孟：作为农民，肯定也很关注自己的农产品的销售问题，那柯城柑橘的市场有没有因为艺术节的举办受到一些利好影响？

丛：当然，艺术节才举办一届，而且也并不是展销会，柑橘销量的提高有多少来自于艺术节我们暂时不得而知。但是，直观地说，柯城柑橘的知名度是可以量化的，比如艺术节吸引了二百多家媒体参与报道，这些从网页、微信等浏览量都可以体现出来。另外，作为一个非常地方性的文化活动，最直接的辐射是柑橘艺术节吸引了柯城周边城市的大量参与者，使得柯城柑橘在衢州、乃至整个浙江的知名度有了显著提高。当然，我们相信随着艺术节的持续举办，柯城柑橘的知名度一定会持续提高，并且进一步促进地区的产业发展。

孟：【艺乡建】在乡村进行的环境设计实践中，最核心的关注点是什么？

丛：艺术要根植于乡村社会，最核心的关注点是乡村社会的核心元素：人，人和人的关系，人与景的关系等。所谓种种子要考虑土壤，环境设计要想真正融入乡村，要考虑如何让自己适合于这个环境。

孟：您认为当下的乡建集中存在哪些问题？

丛：比如一些乡建项目纯粹依靠外力输入设计进入乡村，我认为这是脱离中国农村文化本身的，是依靠城市审美的文化场去吸引城里人来乡村消费。当然从经济上来说，"网红建筑"这类的设计也会产生对于地域的宣传推广功能，从而带动当地发展。第二，物理空间的单一性也是一个问题，比如我今年在浙江一些较为富裕的村子里发现了不少设计精美的村民文化中心，有些从古宅改造而来，从设计角度不失为出色的作品，但是，物理空间有了，文化中心的内容却没有。一个文化中心，承担的是公共文化服务职能，应该帮助村民接触新的文化以及展示自己的文化。而像这样的空壳建筑，孤立的艺术品，它对于村民来说呈现的是什么？和村民有什么关系？对村民能起到哪些帮助？这就产生了一些问题。所以，环境设计不仅在于作品实体，未来还要注重对于"机制"的设计，用机制引导村民去发展自己的文化空间，让设计活起来。

孟：明白了，谢谢丛老师接受采访，今天收获颇多，希望和您有更多的交流！

丛：不客气。

附录2：对陈炯教授的访谈

采访人：孟垚（以下简称"孟"），本文作者，中国人民大学艺术学院本科生

受访人：陈炯（以下简称"陈"），中国人民大学艺术学院设计系主任，【艺乡建】团队领队，发起衢州柑橘文化艺术节等多个设计项目

采访地点：中国人民大学艺术学院

采访时间：2019 年 3 月 10 日

孟：陈老师您好，我了解到您参与组织了 2018 年的衢州柑橘艺术节，通过艺术的形式为柯城柑橘文化的发展做出了创新性的贡献。那么在您看来，作为一名设计师，该如何使艺术介入乡村呢？

陈：这里涉及两点问题。首先，介入乡村的是什么艺术？这里所说的艺术不是指我们去欣赏的交响乐、不是指挂在美术馆的"油国版雕"，而主要是指那些和老百姓相关的，

可以帮老百姓改善生活水平的艺术。艺术要取得社会价值，它也有自己的担当，艺术也可以去解决农民的切实生活问题。另一方面，我的工作也是在为社会逐步提高审美的一种过程，是一种美育。中国社会已经告别了文盲时代，但我们还有太多的"美盲"。有时候社会对于美还有很多误区，实际上，看得懂的艺术未必就是俗套，就是不好；所谓"看不懂"的艺术未必就是好的、高级的。如果运用得当，它们都可以在艺术介入乡村中发挥价值。比如说，我们的艺术节既有《寿比南山》《马到成功》那样的具象的作品，可以去满足乡村的通俗审美需要。我们也穿插了抽象的，不那么写实的作品，它们可以帮助村民们打开视野，看到艺术中的别的可能性。其实艺术的介入就是春风化雨、润物细无声。美育要逐渐入场，不能强势进入。

孟：那您认为在艺术介入的过程中，设计师担任的是什么角色呢？

陈：在艺术介入乡村的语境中，我不是一名设计师，目的也不是关注个体的美学表达。设计师关注的是社会化的系统研究，是如何用艺术服务老百姓。

孟：在服务老百姓的过程中，艺术节的介入是否在一定程度上改变了社区的生活模式呢？有没有为乡村社区带来某些新的变化，比如新的工作增收机会、新的文娱方式？

陈：当然，马上就能感受到的是，如果没有艺术节以及音乐节的举办，当地农民可能一辈子也不会选择去感受艺术现场。但是一旦有这个机会，老百姓在现场都玩得很开心，艺术节为他们提供了文娱的新形式。另外，对于乡村社区来说，艺术是一种促进沟通交流的好手段。好的艺术可以使人民心情愉悦放松。如同人们很少会在美术馆吵架，艺术承载着看不见的社会功能或者说精神魅力，能够形成一种积极乐观的气氛，这对于群众之间、干群之间的沟通交流都有帮助。同时，艺术节和音乐节丰富了农民在农闲时期的业余活动，他们晚上也有地方去了，赌博、喝大酒的现象明显变少，农民有了更多的积极的娱乐选择。从经济上看，艺术节带动了周边的消费，一家在附近卖小吃的摊位在开节第一天就达到了七、八百的营业额，活动期间，草莓等水果的销量也实现了明显增加。

孟：那您认为这其中最重要的是哪一部分？

陈：从乡村社区来说，我认为最重要的还是我们的"初心"，即有关柑橘品牌建设的部分。柯城这个地方自古种柑橘，地理条件也适合种柑橘，柑橘就是这里的支柱农产品。但是，由于知名度不够等因素，村里的柑橘出现滞销，一年烂掉百万斤。这个时候对老百姓来说什么问题最关键？当然是怎么卖柑橘，如何提高收入，怎么做广告？我们最关心的就是帮他们去解决这个问题。而我们的出发点就是农业部提出的"区域品牌化""农产品品牌化"，就是通过打造衢州柑橘品牌，通过活动、内容，增加产品的文化附加值。这归根结底就是为了用艺术激活产业，为乡村社区发展、特色农业发展寻找路径。

孟：您认为艺术对于乡村社区的营造是否具有相比其他媒介独有的优势？

陈：的确有的，其实艺术本身不是目标，而是乡村振兴的抓手和路径。我们都在谈乡村振兴，而我认为乡风文明建设又是乡村振兴中的核心。对于这样一个略显抽象的概念，社会性的艺术介入的手段就是一个不二法门。通过艺术活动，可以促进人的沟通、产业的孵化、文化的塑造。艺术会成为乡村社区营造的黏合剂。

孟：从长远来看，您认为柑橘艺术节的举办能否持久地影响社区呢？是通过何种途径实现这种影响的呢？

陈：从逻辑上看是一定可以实现持续影响的，我们的展望是让这个艺术节超越艺术本身，就像庙会一样，增加一些营利性的部分，在经济层面为村民提供一些帮助。其实艺术节和乡村的结合早有先例，比如日本越后妻有的大地艺术祭，都证明了我们这种模式的可行性。在【艺乡建】之前的设计案例中也实现了较好的持续影响。例如在湖北孝感樊家湾通过开发石器工艺品和旅游产品，帮助一些经济困难的农民找到了新的营生，解决了石磨业被淘汰后的产业升级困难问题。在贵阳丹寨苗族自治县的文创产品开发，帮助传统苗寨实现了民族手工艺品的升级开发，为适应市场提供了新的机会。途径上，最首要的是抓好衢州柑橘这一最大的IP，无论是雕塑、装置艺术、视觉设计、手册，都是柑橘品牌塑造的手段。我们设计师不是在创作艺术品，而是在帮助乡村社区搭桥，即通过艺术帮助产品对接更大的市场，增加经济效益，为农民增收提供新的可能性。

孟：我注意到"在地性"是您反复强调的设计理念，那么在柯城进行的艺术节筹办和其他的艺术节相比，是如何去积极适应乡村社区的地方性的呢？这种适应和作品的艺术性是否会产生某些冲突？

陈：我认为没有冲突，艺术家不重要，我们本质上是服务员的角色。明确了这种入场姿态，你是不会感到矛盾的。谈到地方性，最突出的就是我们所有作品都是用一百万个真假橘子做的，这就是一种对当地柑橘产业进行品牌文化塑造的行为。另外，还回到我们最初谈的对艺术的社会价值的把握，比方说，我们用小橘子拼出的4米高的大寿桃《寿比南山》，这件作品也许在艺术的角度来看有些过于具象通俗了，但是围绕这种作品就出现了一个很感人的情景。我记得在活动期间，村里一个百岁老人正好过生日，于是他们一个大家子六、七十口人就去这个寿桃前拍照。寿桃，寿比南山，这种传统意象和美好寓意是老百姓喜闻乐见的，大家就会因此乐意参加到艺术节中。而只有人来了，艺术节才能进一步发挥它的社会价值。所以，我所关注的不仅是一个艺术作品在展场中看与被看的关系，而是这件作品的社会性，及它能带来的社会意义。

孟：非常感谢老师百忙之中支持我的研究，谢谢您！

陈：不客气。

附录3：对方培林副局长的访谈

采访人：孟垚（以下简称"孟"），本文作者，中国人民大学艺术学院本科生
受访人：方培林（以下简称"方"），浙江省衢州市农业局副局长
采访地点：微信线上采访

采访时间：2019 年 4 月 10 日

孟：方局您好，我了解到您一直致力于对衢州柑橘业的推广宣传，积极创建"国家级出口柑橘质量安全示范区"和"衢州椪橘国家地理标志保护示范区"，并取得了非常突出的成绩。同时，作为柯城农业局的代表，您也参与对接了 2018 年的衢州柑橘艺术节。在您看来，这次柯城举办柑橘艺术节的主要目的是怎样的呢？

方：对外主要是为了加强对衢州柑橘的宣传，为"柑橘之乡·美丽衢州"树形象、打品牌。对内主要是为了挖掘柑橘文化，利用艺术振兴乡村，以丰富多样、好玩有趣的艺术活动丰富市民、村民的精神文化生活，提升生活幸福指数。

孟：据您观察，艺术节的介入是否在一定程度上改变了社区的生活模式？村民主要以何种方式参与到艺术节的筹办和活动中呢？

方：正月里城乡居民相对比较空闲，习惯以打牌、搓麻将等消磨时间。艺术节给广大城乡居民增加了一处接地气的游玩景点。村民会利用社交媒体、自媒体向外宣传柑橘艺术节，游客利用微信朋友圈传播扩散为艺术节起到很好的宣传推介。艺术节的举办也为周边农民提供了就业机会，一些村民抓住机会，在艺术节期间卖农产品、办农家乐、销售草莓。城西村有 7 个农户种植草莓，今年柑橘文化艺术节期间，草莓销售价达 40 ~ 45 元／斤，比常年同期每斤高出 10 ~ 15 元／斤，仍供不应求。许多农户表示，下半年要扩大草莓种植，以满足活动期间采摘游的需求。

孟：我了解到【艺乡建】的设计团队在艺术节的设计过程中一直都和农业局、村委会保持了持续沟通，您能否介绍一下这是一种怎样的合作模式呢？

方：在政府层面，我们主要向【艺乡建】设计团队购买服务，利用文化手段重塑衢州柑橘品牌。在和农民的合作方面，我们讲究以诚相待，真诚合作。

孟：老百姓最关心的主要还是柑橘的销售问题，那柯城柑橘的市场有没有因为艺术节的举办受到一些利好影响？

方：对柑橘销售的影响在短期内还不明显，我认为一是艺术节目前的影响力还不够大，二是参与艺术节的参与者以本地游客为主。

孟：那么在您看来，艺术节相比其他宣传手段有没有一些独特之处，或者突出特色？

方：衢州柑橘文化艺术节最大的特色与优势是观众热情的参与。以"柑橘"为媒材塑造抽象、具象雕塑装置作品和构筑物，完全不限时段，尽情地展示。这种活动既有利于促进民间艺术的发展、农耕文化的传承，也有利于艺术节自身的品牌化、特色化宣传。

孟：柑橘文化是衢州的特色农业文化的重要组成部分，那么，艺术节的举办是否也起到了一些公共文化服务的功能呢？

方：艺术节的举办有一个重要作用，就是推动全城旅游理念的确立。艺术节将文化艺术与农业、旅游等体验相结合，探索出一条"柑橘＋文化＋艺术＋旅游"的产业融合新模式，把柑橘文化艺术节搭建成为多领域交流合作的大平台。通过连续几年的柑橘文化艺术节活动，完全可以成功把艺术节转化为风景点，办成如开化根雕博物馆一样具有较高知名度的景区，并创建 5A 级风景区，常年吸引游客前来观光旅游。同时可开发相关旅游产品，包括柑橘深加工产品等，利用艺术文化节，打响"衢州柑橘"品牌。

孟：您认为这届艺术节有哪些地方还需要进一步提高？

方：在我看来，艺术节在这三个方面还需要进一步提高。首先，整个雕塑群没有大型"橘子"模型，各大型雕塑上缺少"衢州柑橘"字样或识别标志，在图片的宣传中起不到应有的宣传效果。其次，雕塑设计安置有待提升。由于场地面积宽广，雕塑群显得比较零散且更加渺小。成百上千游客走在现场就像沙子散在地面上，难以聚集人气。最后，活动内容、配套设施有待丰富和完善，现场只有投篮、画橘子、照片墙三个活动，且离雕塑群距离远，游客容易错过，并且缺少游客休息和避雨等场所。

孟：您对衢州柑橘艺术节在未来的发展有哪些期待？

方：我希望艺术节可以取得可持续的发展，有影响的艺术节大都有各自鲜明的特色，不仅体现城市魅力，更彰显艺术节的品牌形象，达到其标志性的品牌效应。柑橘文化艺术节由于创意新，雕塑视觉冲击力大，每年可按确定的展示主题，挖掘橘文化，推出新型雕塑，可持续地办下去，并形成一个习俗。

孟：感谢方局长接受我的采访，祝您工作顺利！

八角庙村访谈笔记

附录4：潘传峰书记的访谈笔记

记录人：钱艺，本文作者，中国人民大学艺术学院研究生
受访人：潘传峰，湖北省神农架林区松柏镇八角庙村书记
采访地点：湖北省神农架林区松柏镇八角庙村
采访时间：2020 年 7 月 10 日

潘传峰是神农架林区松柏镇八角庙村的书记，虽然是土生土长的八角人，但却因为一副充满异域色彩的长相被村里人戏称为"新疆哥"，有趣的是时间久了，潘书记自己也接受了"神农新疆哥"这一称呼。

潘书记在为村里建设忙前忙后的同时也特别懂得照顾自己的家人，努力为改善家庭环境、教育子女默默地付出着。村民眼中的"新疆哥"不仅是个朴实勤劳的人，也是个知足洒脱、热爱生活的人。今年 46 岁的他曾经离家去往浙江务工，靠着开夜车供养家里的两个孩子。常年的奔波又加上子女升学的压力，他放弃了外面的高薪回到八角庙与妻子一起收拾屋舍，改建自己的小农庄，细心的打造再加上妻子烧的一手好饭，小农庄渐渐变成了初具规模的

民宿"农家乐"，武汉、宜昌等地慕名而来的游客大都长期租住在此，小农庄的生意也越来越好。与此同时，"新疆哥"也被选做村里的书记，平日里除了帮妻子照看农庄，更要开始肩负起村里大大小小的事务。最可贵的是潘传峰作为村里的书记，身上没有一点令人紧张的压迫感，永远平和、亲近的待人待事。正因如此，村里人除了叫他潘书记，更多时候还会亲切的喊他一声"新疆哥"。

抛却书记、父亲、丈夫的称呼，潘传峰自己还是个乐于学习的人。通过读书、网络研学、外出学艺，在最近几年研究出一套养蜂技术，从开春的采蜂、分箱，到日常的照料、除害，潘书记都亲自摸索、一点点实践，一年内已养活三十多群土蜂，产出的花蜜还没来得及宣传，就已经被慕名尝鲜的人购走。养蜂的苦潘书记自然是体会过的，然而他更愿意分享给我们的是一次次上山寻蜂、分箱采集时收获的满满快乐，用他自己的话来说"望着铺天盖地般的群蜂一点点钻进自己打造的蜂箱里安家，那种激动的心情久久不能平静，在山上跑了好久也没觉得累。"

我们往往陷入自己的生活中不能自拔，常常受限于自己的所学所知里。然而人只活一次，如果因为手头的工作太过顺手而不愿意尝试新鲜事物，很难体会全新的人生。在潘书记的身上，我看到了一个人的多种生活状态。他可以很细腻、也可以很洒脱，他可以很困惑、也可以很热情。

附录5：卞光华的访谈笔记

记录人：赵乾，本文作者，中国人民大学艺术学院研究生
受访人：卞光华，养蜂人，湖北省神农架林区松柏镇八角庙村村民
采访地点：湖北省神农架林区松柏镇八角庙村
采访时间：2020 年 7 月 10 日

卞光华，每当笑起来，都透露着憨厚。他在自家的后山上养了七八年蜜蜂，他的蜂园也被评为"神农架林区示范蜂园"。他之前开货车，后来开拖拉机，孩子在深圳务工。目前，他正忙着将自家的房屋改造成民宿，但他却没有做餐饮的想法。当我们问及原因，他说，每天都要照看蜜蜂，每到春季，要给蜜蜂分箱，一个箱子能分成两到三个，没有时间再搞餐饮了。万物皆有灵，卞叔把所有时间给了蜜蜂，蜜蜂也越来越依靠他。卞叔说，虎头蜂经常过来抢蜂蜜，吃蜜蜂。每当虎头蜂来袭，他养的蜜蜂就会过来找他，飞到他身上，轻轻地咬一下，他就能感知到，虎头蜂来了。他便立即拿着拍子去帮着蜜蜂抵御来犯之敌。也许是对卞叔的回报，他家的蜂蜜格外的清新香甜（附录图 1）。

附录图1 【艺乡建】团队对村民卞光华的采访现场

附录6：毛家的访谈笔记

记录人：赵乾，本文作者，中国人民大学艺术学院研究生
受访人：毛丽，湖北省神农架林区松柏镇八角庙村村民
采访地点：湖北省神农架林区松柏镇八角庙村
采访时间：2020 年 7 月 10 日

我们此行住在毛家。毛丽是这家的长女，温柔能干，到处都有她忙碌的身影。她今年刚刚大专毕业，学的护理学，疫情爆发之初，她曾奔赴武汉一线抗击疫情（附录图2）。其父亲毛友仁，憨厚老实，不爱说话，但心里有想法，是个行动力极强的人。早年，毛家做水果种植生意，从起初的承包了几亩地，到后来越做越大的几十亩的土地。靠着他们的辛勤劳作，很快过上了富裕殷实的生活。但毛家没有甘于只做水果种植生意，随着近几年旅游业发展越来越好，毛友仁经过深思熟虑，决定"转型"，转让了土地，拿出近几年攒下的家底，东拼西凑了近 500 万元，拆了老房子，干起民宿餐饮生意。然而，不幸总是不期而至。就在自己民宿宅院刚刚起步建设时，毛友仁突然病重，区里医院治不了，又辗转至省里的大医院。医生当时说："这种病只能自己扛，如果挺过来了，就能逐渐好转，否则，就……"毛丽听到家里情况后，急忙请假出来照顾。"福无双至，祸不单行"，正在毛友仁卧病在床时，

附录图 2　村民毛丽

毛家小儿子毛正旭突发肾功能衰竭，急需手术。接连两起变故，给了毛家一次沉重的打击。毛丽的母亲撑起了家里的一切，没有任何怨言。经过半年多的休养，父亲毛友仁和小儿子毛正旭病情逐渐好转。慢慢地，毛家又回归了正常的生活。如今毛家大院生意红火，人来人往。毛丽毕业后一直在家帮衬。当问及为什么不外出工作时，她说，自从家里那场变故后，她感受到了亲情的重要，想多花一点时间陪陪爸妈。但她还年轻，心里总还是想在外面闯一闯的……

附录7：阿兰的访谈笔记

记录人：赵佳慧，本文作者，中国人民大学艺术学院研究生

受访人：阿兰，湖北省神农架林区松柏镇八角庙村村民

采访地点：湖北省神农架林区松柏镇八角庙村

采访时间：2020 年 7 月 10 日

在八角庙村有一位精明能干的广西女子，名叫阿兰。从最初的手工艺品制作交流过程中，便发现她有着极强的动手能力、敏锐的思维和超越他人的独特想法。后来经过一番交谈，得知阿兰来自广西，因为婚姻便远嫁于此，曾经在编织行业从业数年，由于女儿学业需求不得不放弃自己擅长且热爱的工作。阿兰现在和丈夫一同以售卖牲畜为生，七八年的经营经历也使得他们的品牌在八角庙村有着不错的声誉。随着旅游行业的不断兴起，阿兰也希望在现有生活状况下增加新的收入渠道。基于对八角庙村近年来的观察，阿兰的丈夫认为在神农架存在较为严重的跟风发展问题，千篇一律的白墙灰瓦，两三层没有阳台的民宿建筑，很少有人可以在这个行业长久发展。同时他还发现，在这里居住的人都是邻近省市前来度假避暑的，多以长期租住为主。基于这些实际情况，阿兰和她的丈夫希望将自己的民宿打造成独具特色且适合长期发展的模式。因此，他们提出在自己的民宿内设置规模生产的标间，配备有厨房、卧室和卫生间，可以满足家庭式旅客长期租住，其次希望设置 KTV 和农家饭，将自己养殖的鸡鸭鹅兔和种植的果蔬用于满足旅客的餐饮需求，同时提出设置孔雀参观区的想法。从这对夫妻的对话里，我们可以感受到他们的深谋远虑，同时也是值得敬佩的实干型且有想法的夫妻。或许也是因为他们积极主动的态度和未雨绸缪的思想，使得其成为八角庙村勤劳脱贫的典范。

附录8：部分村民们的访谈笔记

记录人：徐浩杰，本文作者，中国人民大学艺术学院研究生

受访人：湖北省神农架林区松柏镇八角庙村村民

采访地点：湖北省神农架林区松柏镇八角庙村

采访时间：2020 年 7 月 10 日

八角庙村是神农架松柏镇上游的一个小村庄，山脚下静卧着一排排浅色的房子，甚是可爱。这里是前往神农架景区的必经地之一，一条国道贯穿着村庄，村中的建筑、田地依路分布（附录图 3～附录图 5）。道路的功能属性改变了村庄的空间氛围，赋予了这里山野驿站的场所精神。来神农架的游客到了八角庙村往往都要面临这样一个选择：

"客官此行路途遥远，不如在寒舍暂住一日，他日一早再启程也不迟。"

"那便劳烦施主了。"

附录图 3　八角庙村风景（一）

神龙架区八角庙村

录图 4　卫星视角下的八角庙村

附录图5 八角庙村风景 (二)

客人来了，意味着这里的村民就有营生，有钱赚，村庄里的人们都有着一颗转型发展旅游产业的心。这里并不算是旅游胜地，但是有着一方滋养万物的好水土，蔬菜、水果、花草、药材在这里生长得格外好。这不，做水果生意的王兰旭最近就在寻思这件事，将水果产业和旅游结合，卖烧烤、搞农家乐、经营民宿的同时售卖自家特产的水果，为了跟上旅游带动经济的高速列车，王兰旭一家没少动心思。

王兰旭大学毕业返乡从事教育事业，业余时间爱好研究水果种植，从品种选择到种植技术都是自学成才。靠着一股钻研劲，他家的水果在八角庙、松柏镇这一代已经有了名声。每次应季的水果都被提前预订，刚刚采摘下来不久就抢售一空。最忙的时候是冬葡萄下来的时节，有时候一晚上要打包三四百箱，第二天一大早就要全部寄出。勤劳的汗水带来的是大自然的馈赠，通过水果的农业生意，王兰旭一家的收入相当可观。

收入高了，日子美满了，但王兰旭一家并不安于现状，他的爱人还有一个餐馆梦。二人年轻时候因工作原因结识相爱，如今已有两个孩子，水果生意已经花费了王兰旭大量的精力，但妻子还是想趁着年轻再折腾一把。趁着闲暇之时，妻子常常跑去旅游经济已经成熟的木鱼镇取经，每每回家都要拉着我们畅谈一段时间。她的脸上洋溢着幸福的微笑，让人看着欣慰且温暖，这是对幸福的追求，是对生活的热爱 (附录图6)。

屈段生是王兰旭小学时的老师，做教师30年了。再过几年也到了退休的年纪了，家住村里的他也在琢磨退休后的事。去年秋季我们曾来他家调研测绘过，做了庭院的设计方案，

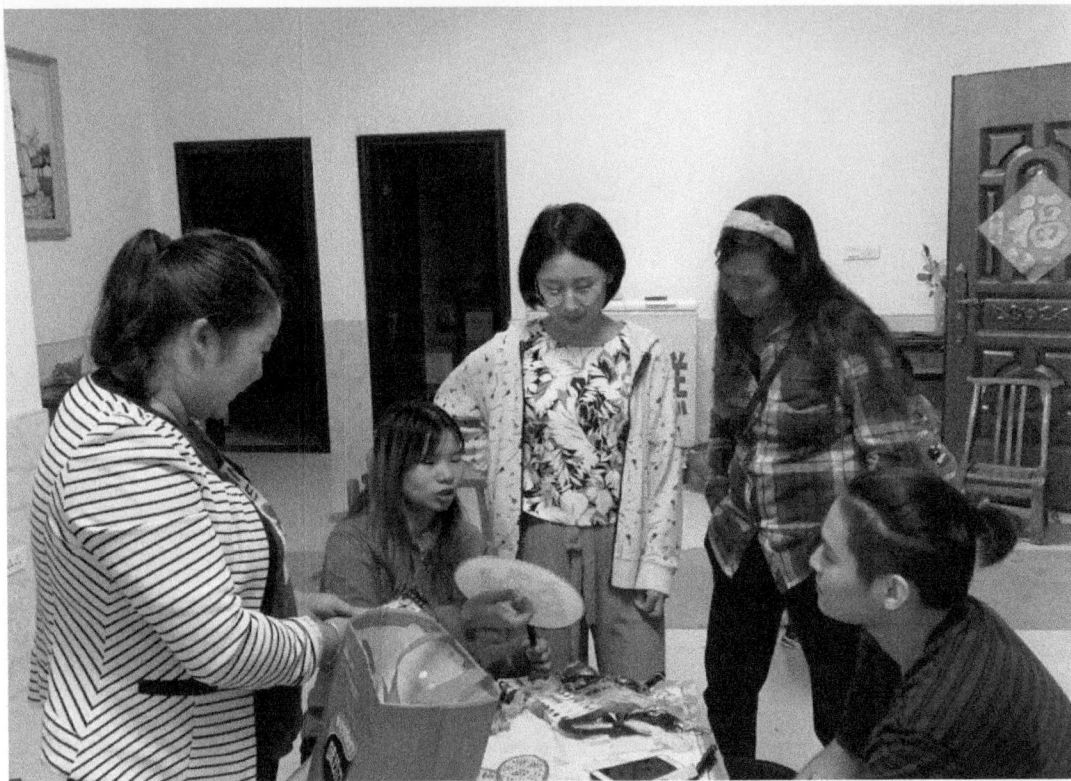

附录图 6　【艺乡建】团队在村民家中与村民们交流（一）

方案有了，但是迟迟没有动工（附录图 7）。

"年纪大了，精力不够，没什么经商头脑。"屈老师表现出对民宿发展的顾虑。发展民宿，转型旅游产业，是机遇也是挑战。确实，这里村民的旅游发展之路的的确确是一种摸着石头过河的状态，面对投资和心力的劳累，每一个决定都需要深思熟虑，这是这里村民的心声。面对机遇，是否准备好？抉择是否正确？这样的选择题并不简单，这就是生活，真实的生活。

屈老师年近六十，和爱人生活水平不错，妻子与他年龄相仿，已经过上了退休的生活，但仍想发挥余热，在附近的工厂打工补贴家用。子女都希望父母退休后安享晚年生活，好好享受，褪去教师职业生涯的辛苦与劳累。但勤劳的人始终不会停下创造价值的脚步，屈老师一家深知这个道理，但对于生活的打算，始终不是个轻松的事。

致富从不是一件轻松的事，他要花心思，要懂生活。八角庙的村民们都走在致富的道路上，他们抬头向前，低头看路，脚下有力，心中谋数，他们勤劳肯干，都走向了一个目标——幸福（附录图 8）。

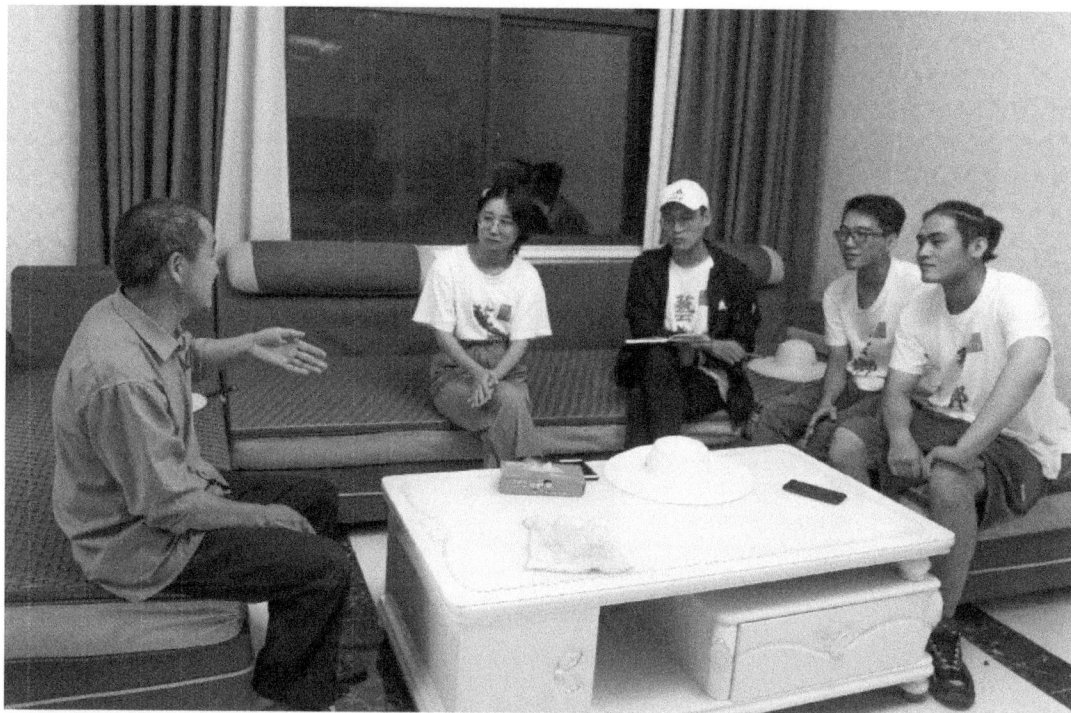

附录图 7 【艺乡建】团队在村民家中与村民们交流（二）

附录图 8 八角庙村风景（三）

后记

从最初的下乡写生到单个乡村课题，再到后来相对系统性研究，时间跨度已记不清了，但【艺乡建】团队在河北、河南、浙江、湖北、贵州等地的每一个活动都鲜活深刻。感谢家人的支持，感谢中国人民大学社会与人口学院张耀军教授、农业与农村发展学院黄波教授、公共管理学院郑国教授的帮助，感谢研究生甘露、张倚萌、赵乾、石晓洁、杨美琪、刘诗瑶、王艺璇、徐浩杰、钱艺、马解、刘艺坤、李慧妍、赵佳慧、罗瑞仪在一线不辞辛苦的工作，总结、梳理了本书一些艺术之于乡村的经验。在乡村振兴的大时代背景下，艺术家与设计师的社会职责和担当是什么？如何服务于社会？带着这个动机深入到乡镇一线，随着工作的深入，越来越自感知识结构的短板凸显。乡村振兴远不仅仅是物理空间的建设与美化，基于其五大任务的要求，如何系统性、多维度进行研判，如何以艺术设计手段科学、有效地作用于乡镇，都是我们要努力研究的课题。

【艺乡建】一直在路上。

中国人民大学艺术学院

【艺乡建】创始人